HET RECHT IN DE RAMSJ

Paul F. van der Heijden

Het
RECHT
in de
RAMSJ

Openbaar bestuur op de
stoel van de rechter

UITGEVERIJ BALANS

Uitgeverij Balans 1999
Copyright © 1999 Paul F. van der Heijden
Ontwerp omslag Studio Ron van Roon
Typografie en opmaak Magenta
Druk Drukkerij Wilco
Verspreiding voor België Uitgeverij Van Halewyck,
Leuven

ISBN 90 5018 437 5
NUGI 693/661

Inhoud

WOORD VOORAF

7

I

DE KWESTIE

Het bestuur, zijn burgers en zijn rechters 9
Te veel recht? 16
De heerschappij van het recht ('Rule of Law') 20

2

PRIMAAT VAN DE POLITIEK OF VAN HET RECHT?

Wie is er de baas? 23
Brinkman 28
Steenhuis/Docters van Leeuwen 36
De grenzen van de gemeente Den Haag en
andere medezeggenschapsperikelen 40
'Rule of Law' 57

3

DOOR DE VINGERS ZIEN

Gedogend besturen 61
De 'War on Drugs' en deals met criminelen 64
Schiphol 77
'Rule of Law' 82

4

SEE YOU IN COURT!

Juridisering van de samenleving *87*

'Bestuur in geding' *95*

'Rule of Law' *107*

5

CEMENT

115

6

RECHT UIT DE RAMSJ

127

GERAADPLEEGDE GESCHRIFTEN

135

Woord vooraf

Dit is geen wetenschappelijk geschrift. Het is een verhaal, verteld door een burger die beroepshalve jurist is. Het is een verhaal over recente gebeurtenissen in de politiek en het openbaar bestuur, die de burger en de jurist zorgen baren. Het is een verhaal dat verteld wordt in de hoop op aandacht voor en vermindering van zorgen. Het is, ten slotte, een verhaal dat stof geeft voor maatschappelijke discussie. Wat wil het openbaar bestuur met het recht? In dit verhaal een aanzet voor een antwoord.

Voor de productie van het essay ben ik veel dank verschuldigd aan Hetty van der Meij-Netel die, als altijd, snel en adequaat de door mij geleverde teksten in leesbare woorden wist om te zetten. Ook de discussies in de redactie van het *Nederlands Juristenblad* hebben veel bijgedragen aan mijn inzichten omtrent het onderwerp.

Amsterdam, september 1999
Paul F. van der Heijden

I

De kwestie

Het botert niet tussen het openbaar bestuur en het recht
in ons land. De politiek produceert te veel recht, het bestuur handhaaft eenmaal uitgevaardigd recht niet of onvoldoende, het bestuur schendt belangrijke rechtsbeginselen als hoor en wederhoor en fair play, en het verwijt de
burgers gebruikmaking van gegeven rechten. Het openbaar bestuur betwist de toepassing van rechtsregels door
de rechters en zegt dat de rechterlijke macht op de stoel
van de bestuurder gaat zitten. Juristen worden beschouwd
als lastpakken die problemen verzinnen bij bestuurlijke
oplossingen, vertraging veroorzaken, procedures uitlok-
ken en (samen met – groepen van – burgers) efficiënt
openbaar bestuur dwarsbomen. Wat is er aan de hand met
het recht, als de politiek en het openbaar bestuur in onze
samenleving er zo losjes mee omgaan?

Recht is aan het verworden van een eersterangs merkarti-
kel in de etalage van de rechtsstaat tot een stapel boeken
die alleen nog in de ramsj tegen lage prijzen te verkrijgen
is. Het verschijnsel van de verramsjing van het recht is
'mooi' te illustreren aan de hand van de Schipholcasus. In
de Luchtvaartwet zijn de geluidsnormen voor Schiphol

vastgelegd. Zoals bekend overschrijdt het aantal vliegbewegingen veruit de norm die in de wet is vastgelegd en is er dus een probleem, onder meer met de geluidshinder die de overschrijding oplevert. Gebruikmakend van de al langer bestaande politiek-bestuursrechtelijke cultuur van het gedogen, is het Schiphol in 1997 toegestaan om de wet te overschrijden. Ook in 1998 is dat het geval, terwijl in 1999 door Schiphol eveneens de geluidsnormen zullen worden overschreden. De luchthaven heeft de minister van Verkeer en Waterstaat wederom gevraagd om voor de derde maal een zogeheten gedoogbesluit te nemen waardoor de wettelijke normen 'even' terzijde worden geschoven. Maar naast 'Schiphol' is er nog (veel) meer. De gedoogcultuur is ons bestuursrecht inmiddels zo eigen geworden, dat we niet meer zonder kunnen leven. Het succes van onze drugsbestrijdingsmethode via de gedoogcultuur slaat over naar andere onderwerpen in de samenleving die omstreden zijn en moeilijk liggen. Een wet is er niet om te handhaven, maar om als het zo uitkomt toe te passen en als het niet uitkomt niet. Een vergelijkbare losheid in het omgaan met wettelijke voorschriften is te constateren bij de zogenoemde deals met criminelen. In de jacht op de grote vissen in het drugscircuit of in het zwartgeldcircuit worden door politie en justitie afspraken gemaakt met kennelijke criminelen die in ruil voor een (vooraf gerepeteerde?) getuigenis strafvermindering krijgen of vrijuit gaan. Het kennelijk onvermogen van justitie en politie om op de normale wettelijke wijze verdachten van ernstige strafbare feiten achter de tralies te krijgen wordt gecompenseerd door het sluiten van contracten met criminelen over de straf die hen te wachten staat. De wijze waarop politie en justitie zich menen te moeten aanpassen aan het criminele circuit is op onverbloemde wijze duidelijk gemaakt in het IRT-rapport van de parlementaire enquêtecommissie Van Traa.

De gevolgen van deze parlementaire enquête zijn nog steeds voelbaar in de kringen van politie en het Openbaar Ministerie.

Nu het woord 'OM' gevallen is, dringt zich in dit verband de zaak van super-PG Docters van Leeuwen op. Hij werd ontslagen door minister van Justitie Winnie Sorgdrager omdat hem op een cruciaal moment een verkeerd gevoel voor verhoudingen werd verweten. De toenmalige voorzitter van het College van Procureurs-Generaal meende dat hij in de bres moest springen voor een van de leden van zijn college, Steenhuis, die slechts een zeer korte tijd (één uur) kreeg toegemeten om een over hem uitgebracht rapport van commentaar te voorzien vóórdat het naar de Tweede Kamer en de pers ging. Na discussies over dit ontslag tussen het eerste paarse kabinet en de Tweede Kamer is het ontslag gehandhaafd. Een meerderheid van de Tweede Kamer bleek niet gevoelig voor het standpunt van Docters van Leeuwen dat hij een van de grondbeginselen van de rechtstaat (hoor en wederhoor, zorgvuldig bestuur) ten opzichte van Steenhuis enerzijds en diens baas, de minister van Justitie, anderzijds heeft willen verdedigen.

Een vergelijkbare ervaring met het openbaar bestuur heeft de oud-hoofdcommissaris van politie in Rotterdam, Brinkman. Hij was, hoewel aangezocht door de (thans oud-)burgemeester van Rotterdam, Peper, in een moeilijk parket terechtgekomen nu de ondernemingsraad van de politie hem niet lustte omdat die hem zag als iemand die hen door de burgemeester door de strot was geduwd. Ook Brinkman moest temidden van tumultueus pokerspel van burgemeesters en korpsbeheerder in de regio Rotterdam ervaren dat op enig moment een rapport over zijn functioneren was geschreven, en dat hij slechts zeer korte tijd toegemeten kreeg om zich een mening over dat rapport te vormen teneinde zijn standpunt inzake aanblijven of weggaan te formuleren. Het primaat van de politiek wordt dat wel genoemd. Fair play of toepassing van beginselen van zorgvuldig bestuur worden kennelijk vloeibaar als de spanning toeneemt.

Een 'kijkje' in de gedachten van bestuurders over hoe zij het liefst zouden besturen is te vinden in het rapport 'Bestuur in geding, inzake de terugdringing van de juridisering van het openbaar bestuur' (1997), tot stand gebracht door een werkgroep onder voorzitterschap van dr. Van Kemenade. Naast Van Kemenade waren leden van de werkgroep onder meer mr. Houben, Commissaris van de Koningin in Noord-Brabant en dr. A. Peper, destijds burgemeester van Rotterdam en thans minister van Binnenlandse Zaken. De terugdringing van de juridisering van het openbaar bestuur, zoals in het rapport 'Bestuur in geding' beschreven, is terug te vinden in het regeerakkoord van Paars II (Tweede Kamer, vergaderjaar 1997-1998, 26 024, blz. 76). Daar valt te lezen dat, om de democratische besluitvorming te versterken, de juridisering van het openbaar bestuur moet worden teruggedrongen. Dat is, aldus het regeerakkoord, van belang voor de effectiviteit en de legitimiteit van het bestuur en de duidelijkheid voor de burger. Essentieel in ons staatsbestel is het evenwicht tussen het democratisch gekozen bestuur, dat verantwoordelijk is voor de besluitvorming, en de rechter die in concrete gevallen de rechtmatigheid toetst. De terugdringing van de juridisering van het openbaar bestuur zal door het kabinet worden uitgewerkt, waarbij het rapport van de werkgroep Van Kemenade wordt betrokken, aldus nog steeds het regeerakkoord. Nu een lid van de werkgroep Van Kemenade zelf minister in dit kabinet is geworden, zal deze passage in het regeerakkoord ook wel niet in een bureaulade verdwijnen. Dat maakt het des te belangrijker om het rapport van de werkgroep Van Kemenade in den brede ter discussie te stellen.

De werkgroep Van Kemenade is van mening dat het openbaar bestuur in de knel is geraakt door een buitensporige juridisering van het openbaar bestuur. Het bestuur zit, aldus de werkgroep, bij zijn doen en laten gevangen in een web van juridische regels, beginselen en procedures. Er is een teveel aan gedetailleerde regels die het besturen beheersen, er is een overdaad aan beroepsmogelijkheden bij de rechter, en 'last but not least', er is een te grote zeggenschap bij de rechter die zijn taak op een voor het bestuur nadelige wijze uitoefent. De rechter is 'medebestuurder' geworden. Anders gezegd: het bestuur heeft te veel last van de rechter en de regels.

Er is hier iets eigenaardigs aan de hand. Het algemene bestuursrecht is vooral ontwikkeld in de jurisprudentie. Nu had de politiek bij de behandeling van de Algemene wet bestuursrecht (Awb) in de jaren negentig het standpunt kúnnen innemen dat deze jurisprudentie haar niet beviel en in de Awb slechts een zeer beperkt aantal toetsingsgronden kunnen formuleren die door de rechter te hanteren zijn bij de beoordeling van bestuursbesluiten. Dat nu is juist niet gebeurd. Bij volle bewustzijn is in deze recente wet de jurisprudentie, zoals ontwikkeld op het terrein van de algemene beginselen van behoorlijk bestuur, gecodificeerd. De algemene beginselen van behoorlijk bestuur zijn een uitwerking van de rechtmatigheidstoets die de rechter aanlegt ter zake van bestuursbesluiten. Heel dikwijls komt het erop neer dat een rechter een bestuursbesluit toetst aan de hand van het criterium of de bestuurder in redelijkheid tot het bestreden besluit heeft kunnen komen, aan welke redelijkheidstoets invulling wordt gegeven door te kijken naar beginselen van behoorlijk bestuur als zorgvuldigheid, motivering, opgewekt vertrouwen etc. Voorts heeft de bestuursrechter in sommige gevallen op grond van de wet de mogelijkheid om nog verder te toetsen dan op de aangegeven gronden. In de ogen van de werkgroep Van Kemenade is de rechter medebestuurder geworden. Wat de rechter echter doet, is bestuursbesluiten onder het vergrootglas leggen van de toetsingsmaatstaven die door de wetgever aan de rechter zijn aangereikt. Inderdaad, in veel gevallen is dan het oordeel dat het bestuursbesluit om een of andere reden niet deugt. Dat valt niet te verwijten aan de rechter die dat besluit moet beoordelen aan de hand van in de wet neergelegde maatstaven, maar dat valt te verwijten aan de bestuurders die dergelijke besluiten nemen. Het rapport van de werkgroep Van Kemenade heeft veel weg van de oude Spartaanse gewoonte: de boodschapper van slecht nieuws moet worden omgebracht. De rechter is voor het bestuur dikwijls de boodschapper van slecht nieuws, hij geeft namelijk aan dat het bestuursbesluit om de een of andere reden niet behoorlijk genomen is. Dat zulks lastig is voor het bestuur en dat daardoor het tempo dat bestuurders graag willen aanhouden vertraagd wordt, omdat de burgers die tegen bepaalde besluiten zijn deze mogelijkheden aanpakken, is 'all in the game'. Het gaat dan niet aan om rechters die gewoon hun werk doen aan te wijzen als de boosdoeners die het openbaar besturen onmogelijk maken.

Besluiten die de burgers raken moeten behoorlijk worden voorbereid, goed worden gemotiveerd, in overeenstemming zijn met eerdere toezeggingen en beloftes, en mogen niet willekeurig zijn, terwijl ook aandacht dient te bestaan voor het gegeven dat niet voor de ene burger zus en voor de andere in hetzelfde geval zo wordt beslist. Dat zijn allemaal essentiële onderdelen van de volwassen democratie waarin het bestuur te maken heeft met mondige burgers. Dat het nogal eens schort aan de kwaliteit van het openbaar bestuur omdat men daar in onvoldoende mate goed geschoold personeel kan aantrekken, kan men moeilijk tegenwerpen aan de burgers die zich wel kunnen voorzien van kwalitatief goede rechtshulpverlening. Het zou politici en bestuurders sieren als zij in een werkgroep de kwaliteit van het eigen bedrijf onder de loep zouden nemen, in plaats van te wijzen naar de rechter die de wet toepast. Dat er zoveel wetten zijn om toe te passen kan ook moeilijk aan die rechter verweten worden.

Onmiskenbaar dringt zich met het oog op bovenstaande gebeurtenissen en voorbeelden de vraag op hoe serieus het recht in de komende jaren wordt genomen door degenen die verantwoordelijk zijn voor het openbaar bestuur. De rechtsstaat is voor een belangrijk deel ontstaan om burgers bescherming te geven tegen een oppermachtige overheid. De democratiseringsbeweging van de jaren zestig en zeventig en de individualisering van de jaren tachtig en negentig hebben geleid tot een ingewikkeld (bestuurs-)recht, waarbij van de bestuurder en de politicus wordt gevraagd zich open te stellen voor kritiek en inspraak uit de samenleving en waarbij tevens van hen gevraagd wordt zich te laten controleren door een rechter. Als wetten eenmaal zijn vastgesteld, mag van de overheid verwacht worden dat zij al het mogelijke doet om de handhaving ervan te bewerkstelligen.

De productie van rechtsregels heeft een grote en unieke hoogte bereikt. De regering en het parlement produceren gezamenlijk jaarlijks honderden wetten. Ministers en staatssecretarissen creëren daarenboven nog honderden besluiten gebaseerd op deze wetten, terwijl gedeputeerden en provinciale staten verordeningen en besluiten afleveren bij de vleet. Gemeenten en deelraden van gemeenten doen hetzelfde op het gemeentelijk niveau en dan hebben we het nog niet over waterschappen, gemeenschappelijke regelingen, zelfstandige bestuursorganen en andere instituten die rechtsregels scheppen. Bovenop deze bestuurlijke en politiek ingegeven rechtsregels komen de door de rechter in jurisprudentie ontwikkelde rechtsregels. En, last but not least, is er nog 'Brussel' als centrum van de Europese Unie, vanwaaruit ook een stortvloed van regels over ons land wordt uitgegoten. Daar hebben we dan weer problemen mee zoals bijvoorbeeld die bij de Securitel-affaire, waaruit bleek dat het kennelijk moeilijk is voor de Haagse departementen om tijdig te voldoen aan meldingseisen ter zake van nationale wetgeving in Brussel. Ten slotte houdt de wereld ook niet op in Brussel, maar zijn er nog tal van andere internationale gremia waar regels worden geproduceerd in de vorm van verdragen, conventies, afspraken en ga zo maar door.

Recht en rechtsregels zijn op allerlei gebieden en in allerlei verhoudingen een veel belangrijkere rol gaan spelen dan, zeg, zo'n 20 jaar geleden. In de verhouding tussen openbaar bestuur en burgers, in de verhouding tussen werkgevers en werknemers, in de verhouding tussen de overheid als werkgever en ambtenaren, in de verhouding tussen ouders en kinderen, in de verhouding tussen echtelieden, in de verhouding tussen huurders en verhuurders van woningen en in tal van andere verhoudingen spelen rechtsregels en de toepassing ervan een zwaarwegende rol. Burgers, of zij zich nu bevinden in de rol van werknemer, ambtenaar, echtgenoot, vader, moeder, kind, automobilist, consument, producent, milieuactivist, of in wat voor andere rol dan ook, zij weten allen de advocaat, de vakbond, de werkgeverskoepel, brancheorganisatie, de milieuorganisatie etc. te vinden om eventueel bij de rechter toepassing van de rechtsregels af te dwingen c.q. toepassing van de rechtsregels te voorkomen dan wel uitleg van de rechtsregels te verkrijgen. Deze enorme productie van recht én de gebruikmaking ervan wordt ook wel samengevat onder de kop juridisering van de samenleving. Meer toegespitst op ons onderwerp kun je spreken van de juridisering van het openbaar bestuur.

Van de kant van het openbaar bestuur wordt hier met zorg naar gekeken omdat er 'stroperigheid' ontstaat door alle mogelijkheden van inspraak-, bezwaar- en beroepsprocedures die openstaan tegen genomen besluiten. Vertraging en het niet tot stand brengen van in de ogen van het openbaar bestuur hoognodige werken zijn het gevolg. Grote projecten als de vijfde baan bij Schiphol, de verdere toekomst van de luchtvaart, de hogesnelheidslijn, de Betuwelijn, alle vergen ze jaren en jaren vanaf de eerste gedachte tot de voltooiing ervan. De lange tijdsduur die ermee gemoeid is en de vele vertragingen die optreden worden door het openbaar bestuur vooral geweten aan de juridisering, aan het ontbreken van vergunningen en aan het doen van een beroep op de vele regels door individuele burgers, actiegroepen en belangengroepen die de rechtsfiguur van verenigingen of stichtingen hebben aangenomen, etc.

Sociologen hebben geprobeerd verklaringen te vinden voor dit proces van juridisering. Gewezen is, onder meer door W. Tops (1998), op ontwikkelingen als de culturele modernisering, de verzakelijking van de samenleving, de onttovering van de politiek, de onthiërachisering van de verhouding tussen overheid en burger, op de calculerende burgers en op het wegvallen van het natuurlijk gezag van het openbaar bestuur. Ook wordt wel gewezen op de vergaande atomisering van de samenleving, gevoed door behoefte aan individualisering, het wegvallen van oude verbanden als verzuilde vakbonden, gezelligheidsverenigingen, omroepverenigingen en zo meer. De emancipatie van de burger tot een mondig persoon die geleerd heeft voor zichzelf op te komen brengt met zich mee dat het openbaar gezag niet meer van nature wordt aanvaard. De rechtssocioloog C.J.M. Schuijt (1997) brengt de juridisering in verband met de sociale cohesie of, liever gezegd, het ontbreken daarvan. Sociale cohesie is in zijn gedachtegang het onderlinge vertrouwen tussen burgers in een samenleving. Schuijt wijst erop dat juridisering enerzijds slaat op het ontstaan en creëren van formele regels voor de ordening van sociale relaties en anderzijds op het daaropvolgende maatschappelijke proces van het in toenemende mate of zelfs excessief gebruikmaken van regels voor de ordening van sociale relaties. Met uitsluiting van andere mogelijkheden of bestaande alternatieven wordt er een beroep gedaan op formele regels om sociale relaties, inclusief conflicten, te ordenen. Juridisering is, aldus Schuijt, sociologisch bezien een indicatie voor vermindering van sociale cohesie, een substituut voor sociale cohesie en een aanjager voor het versneld verdwijnen van sociale cohesie.

Als reactie op de overvloedige productie van regels is al sinds langere tijd een politiek devies geformuleerd onder het hoofdstuk 'deregulering'. Opeenvolgende kabinetten, vanaf het eerste kabinet Lubbers (1982), hebben zich ten doel gesteld om de overvloed aan regels in te dammen en er paal en perk aan te stellen. Dat is niet gelukt. Om uiteenlopende redenen, waar ook de Europese Unie veel mee te maken heeft, is er geen afname van de regelproductie ontstaan. Als er soms voor een bepaald onderwerp al eenvoudige concepten aan de Tweede Kamer worden aangeleverd, barst vervolgens een amendementenregen los waardoor er weer meer en ingewikkelder regels ontstaan dan aanvankelijk was beoogd. Beroemde voorbeelden in dit verband zijn uiteraard de belastingwetgeving, de wetgeving op het gebied van de sociale zekerheid, de wetgeving op het gebied van de studiefinanciering en de milieuwetgeving. Ook een onderwerp als de onderwijswetgeving scoort hoog als het gaat om productie van regels, besluiten, verordeningen etc. Schoolbesturen overal in den lande dienen maandelijks oekazes van het Ministerie van Onderwijs te Zoetermeer te verwerken, dan wel gemeentelijke voorschriften na te volgen. De inrichting van de nieuwe tweede fase op de middelbare scholen per september 1999 was al grotendeels door de scholen georganiseerd, toen staatssecretaris Adelmund in december 1998 nog enkele laatste wijzigingen doorvoerde over het aantal uren en het soort vakken dat op de middelbare scholen gegeven moet worden. Tot vele cijfers achter de komma bemoeit een departement als dat van Onderwijs zich met het veld dat zij te bedienen heeft. We kunnen rustig stellen dat deregulering als politieke doelstelling is mislukt. Kennelijk zijn we in een samenleving terechtgekomen waar juridisering onvermijdelijk is, nu het een belangrijk deel uitmaakt van het cement dat de sociale cohesie in stand houdt.

DE HEERSCHAPPIJ VAN HET RECHT
('RULE OF LAW')

Wij zijn er trots op te leven in een democratische rechtsstaat. Gezagsuitoefening door het openbaar bestuur geschiedt uitsluitend op basis van in de wet gegeven
bevoegdheden en voorziet in bescherming van de burgers
tegen door de overheid uitgeoefende macht. Geen
machtsuitoefening zonder verantwoording, geen machtsuitoefening zonder basis in de wet: dat zijn de principes
van onze rechtsstaat. Daar komt bij dat we spreken van
een democratische rechtsstaat omdat de wetten, waarop
de macht dient te berusten, worden vastgesteld in democratisch gekozen organen als Tweede- en Eerste Kamer,
gemeenteraad en Provinciale Staten. Dat machtsuitoefening van het openbaar bestuur gebaseerd is op de heerschappij van het recht of, zoals de Engelsen zeggen, de
'Rule of Law', brengt per definitie met zich mee dat het
recht en het 'juridische' een belangrijke rol speelt in onze
samenleving. Iedere ingreep door de overheid in het leven
van vrije burgers dient zijn grondslag te vinden in het
recht. De overheid beschikt over het geweldsmonopolie,
beschikt over de macht om bepaalde besluiten tegen de
zin van burgers af te dwingen, de overheid heerst over de
burgers. Zolang burgers het gevoel hebben dat de overheid hún overheid is, zal een dergelijke machtsuitoefening
niet op zo veel problemen stuiten.

Maar op grond van de al eerder geconstateerde individualisering van de samenleving, van het wegvallen van
sociale cohesie, zien veel burgers de overheid niet meer
onmiddellijk als hún overheid. In ieder geval wensen zij
rechtsbescherming tegen overheidsbesluiten. In een lange
reeks van jaren is er gediscussieerd over de totstandko-

ming van een Algemene wet bestuursrecht, waarin beginselen van behoorlijk bestuur zijn opgenomen. In die wet en in die beginselen vindt de burger zijn rechtsbescherming tegen overheidsbesluiten. Het is daarmee ook duidelijk dat de rechter een rol heeft te vervullen in conflicten tussen de overheid en haar burgers als de laatsten het niet eens zijn met door de eerste genomen besluiten. De rechter gaat bij zijn werk onder meer uit van de 'Rule of Law', van de in het bestuursrecht gegeven *ongelijkheidscompensatie* aan de ten opzichte van de overheid zwakke burger. Net zoals het recht in de afgelopen eeuw de werknemer heeft beschermd ten opzichte van zijn economisch sterkere werkgever, wordt de burger inmiddels beschermd tegen de machtige overheid. De enorme naoorlogse ontwikkeling van het bestuursrecht is te zien als een demping van het gat dat is geslagen door het wegvallen van (blind) vertrouwen in de overheid. In het verkeer tussen de overheid en haar burgers is de 'Rule of Law' en de democratische rechtsstaatgedachte even essentieel als eten en drinken voor het dagelijks voortbestaan van het menselijk lichaam.

In het navolgende komt uitgebreid aan de orde dat het openbaar bestuur deze gedachte van de 'Rule of Law' en de rol die het recht in onze gecompliceerde samenleving heeft te spelen niet meer in de volle omvang wenst te respecteren. Politici en bestuurders hebben een ongemakkelijke verhouding met het recht ontwikkeld en daarmee met 'hun' burgers. Aan de hand van een aantal voorbeelden uit de bestuurspraktijk van de laatste jaren zal ik laten zien dat er reden tot irritatie en diepe zorg is.

2

Primaat van de politiek of van het recht?

Secretaris-generaal dr. Sweder van Wijnbergen van Economische Zaken heeft in 1998 verschillende keren ervaren dat hij niet zo vrij was om in de pers mededelingen te doen over het door hem gewenste economisch beleid als hij bij de aanvang van zijn functie had gedacht. Kritische opmerkingen zijnerzijds in de pers over het economisch beleid van Paars II kwamen hem te staan op een openbare schrobbering van minister Jorritsma, die er vragen over kreeg in de Tweede Kamer. In september 1999 werd hij gedwongen zijn functie als secretaris-generaal op te geven. Hij hield de eer aan zichzelf en vertrok 'vrijwillig', nadat wederom kritiek op zijn publieke meningsuitingen was geuit. Ook ziet iedereen nog levendig het beeld voor zich van Docters van Leeuwen, voormalige super-PG van het Openbaar Ministerie, die op de avond van de 'muiterij van de PG's' voor de televisie een briefje voorlas waarvan de eerste zin luidde dat de PG's uiteraard het gezag van de minister van Justitie erkenden. Generaals van het Ministerie van Defensie, die van tijd tot tijd de pers uitkiezen als medium om hun opinie over de defensiepolitiek te ventileren, hebben van minister De Grave te horen gekregen dat dergelijke publiciteit niet op prijs wordt gesteld zonder voorafgaand overleg en goedkeuring van de minister. Als, met andere woorden, de vierde macht (de ambtenaren) zou menen dat hij het voor het zeggen heeft, dan is in ieder geval in de laatste jaren door de paarse machthebbers duidelijk gemaakt dat zulks niet aan de orde is. De soms wat krampachtige reacties van politici, ministers en Tweede-Kamerleden op uitingen in de pers van ambtenaren hebben alles te maken met de gegroeide gedachte dat in onze samenleving het primaat van de macht bij de politiek hoort te liggen en niet bij de ambtenaren.

Hoezeer dat ook voor de hand lijkt te liggen, in de loop van de jaren was en is een zekere vaagheid ontstaan over de vraag waar nu precies de kern van de machtsuitoefening ligt. We hebben naast de eerste, de tweede en de derde macht (de trias politica) inmiddels ook een vierde en een vijfde macht. Sinds Montesquieu zijn we gewend te spreken over de wetgevende macht (eerste), de uitvoerende macht (tweede) en de rechterlijke macht (derde). Na de oorlog hebben we ook oog gekregen voor de vierde macht (ambtenaren) en de laatste vijftien jaar voor de vijfde macht, te weten de consultants, de ingehuurde raadgevers van Berenschot, KPMG, BCG etc.

Het debat over het terugbrengen van de macht naar de politiek heeft een belangrijke stimulator gevonden in de WAO-discussie van 1992 en in het daaropvolgende debat over de organisatie van de sociale zekerheid. We kenden in die tijd in Nederland vele gemengde instituten die belast waren met zowel het vaststellen van de regels als met het uitvoeren daarvan. Zo kenden we tot 1994 de Sociale Verzekeringsraad, waarin vertegenwoordigd waren werkgevers (VNO-NCW e.d.) en werknemers (FNV, CVN, MHP) en een aantal onafhankelijke Kroonleden. Deze raad stelde allerlei regelingen vast op het gebied van de sociale verzekeringen en was tegelijkertijd toezichthouder op de uitvoering daarvan. De parlementaire enquête inzake de sociale zekerheid in 1994 heeft geleid tot het opheffen van de Sociale Verzekeringsraad en tot het aanbrengen van een scheiding tussen het vaststellen van de regels, het uitvoeren van de regels en het houden van toezicht op de uitvoering. Het vaststellen van de regels gebeurt door de politiek, het uitvoeren van de regels gebeurt door uitvoeringsinstellingen die niet meer door vakbonden en werkgeversorganisaties worden beheerst, maar die zich staande moeten houden op een in beginsel vrije markt. Een apart toezichtsorgaan, het Ctsv (College toezicht op de sociale verzekeringen) houdt toezicht op de uitvoering.

In deze operaties werd voortdurend gesproken over het herstel van het primaat van de politiek, omdat de politici vonden dat bijvoorbeeld het veld van de sociale zekerheid te veel uit handen was gegeven aan direct betrokkenen als werkgevers- en werknemersorganisaties, die daar niet de juiste maatregelen hadden getroffen tegen de enorme toename van het aantal WAO-uitkeringsgerechtigden. In 1992 was het aantal WAO-uitkeringsgerechtigden tot bijna een miljoen gestegen, onder meer omdat de WAO met toestemming van werkgevers- en werknemersorganisaties werd gebruikt als een ideale afvloeiingsregeling in geval van reorganisaties. De WAO gaf immers in die tijd een loongerelateerde uitkering tot het 65-ste jaar, terwijl de ww dat niet deed.

Naast die in de sociale zekerheid kent Nederland ook tal van andere corporatistische structuren, waarbij publieke machtsuitoefening in handen is gelegd van belangengroeperingen in het middenveld als werkgevers- en werknemersorganisaties. Zo bestond tot 1998 de Ziekenfondsraad, die toezicht hield maar ook regelgeving opstelde op het gebied van de vergoeding voor medische behandeling.

Verder is er de Sociaal-Economische Raad (SER) die dient als toporgaan van de publiekrechtelijke bedrijfsorganisatie: productschappen en bedrijfschappen als bijvoorbeeld in het slagersbedrijf, de horeca, de sector van de frisdranken en alcoholhoudende dranken, welke 'schappen' regelstellend kunnen optreden. In het bestuur van product- en bedrijfschappen zitten werkgevers- en werknemersvertegenwoordigers van de grote organisaties.

De onmiskenbare trend in de Nederlandse politieke verhoudingen, ingezet met Paars I en doorgezet door Paars II, is dat niet het middenveld de dienst moet uitmaken in de publieke sector, maar dat de politiek, de gekozen vertegenwoordigers van het volk in Tweede- en Eerste Kamer, Provinciale Staten, gemeenteraad e.d., het primaat toekomt om de openbare organisatie van de samenleving te regelen. Dat is uiteraard een legitieme en mooie doelstelling, maar in de praktijk van alledag blijkt de samenleving zo complex in elkaar te zitten dat het niet eenvoudig is een dergelijke doelstelling te realiseren. Na de opkomst en, in zekere zin, ondergang van het corporatisme is er een nieuw fenomeen opgekomen, namelijk dat van de privatisering van overheidsactiviteiten. De overheid worstelt met de vraag welke van haar activiteiten kunnen worden overgelaten aan de markt en welke activiteiten kunnen worden toebedeeld aan private organisaties. Ook is er de opkomst van publiek/private combinaties, dat wil zeggen een combinatie van overheid en marktpartijen. Op allerlei terreinen zijn daarnaast nog ZBO's ontstaan, zelfstandige bestuursorganen, die op zekere afstand van de direct betrokken bewindspersonen hun activiteiten ontplooien. Hierbij kan bijvoorbeeld gedacht worden aan de Informatie Beheer Groep (IBG) in Groningen, die verantwoordelijk is voor de uitvoering van de studiefinanciering in Nederland. Werd de verstrekking van gelden aan studenten eerst vanuit het Ministerie van Onderwijs, Cultuur en Wetenschappen in Zoetermeer geregeld, in de jaren tachtig is het concept ontwikkeld van de IBG die onafhankelijk van het Ministerie de uitvoering van de studiefinancieringsregeling ter hand heeft genomen. Aanvankelijk ging dat met grote problemen gepaard, al was het alleen maar omdat de politici de regelingen die de IBG moest uitvoeren jaarlijks wel enkele keren wijzigden.

De discussie over het primaat van de politiek kent vele varianten en gezichten. Hierboven werd al gerefereerd aan al te eigenwijze ambtenaren die worden teruggefloten. Hierna zal op blz. 40 e.v. aandacht besteed worden aan het primaat van de politiek in het kader van de medezeggenschap van werknemers bij overheidsinstellingen. Ook in dat kader heeft zich een discussie afgespeeld over de vraag wie het nu voor het zeggen heeft, bijvoorbeeld bij de privatisering van de vuilnisophaaldienst in een gemeente. In 1995 heeft de overheid de Wet op de ondernemingsraden van toepassing verklaard op het rijk, de provincies en de gemeenten, zodat daar ondernemingsraden zijn ingesteld. Een beslissing tot privatisering van een vuilnisophaaldienst in een gemeente is een beslissing die behoort tot de competentie van de gemeenteraad op voorstel van B&W. Uiteraard hebben dergelijke beslissingen ook gevolgen voor het personeel dat bij de vuilnisophaaldienst werkzaam is. Zij krijgen een andere rechtspositie, mogelijk andere bazen, etc. In de Wet op de ondernemingsraden is een aparte voorziening opgenomen om het adviesrecht van de ondernemingsraad bij dergelijke beslissingen te beperken ten faveure van het primaat van de politiek. Helaas is het wettelijk voorschrift dat hier aan de orde is niet scherp geformuleerd, zodat in de jurisprudentie over dit punt een duidelijke uitleg van de kant van de Ondernemingskamer van het gerechtshof te Amsterdam heeft moeten komen, die op haar beurt natuurlijk weer bekritiseerd werd door het openbaar bestuur omdat in de ogen van de laatste de Ondernemingskamer de ondernemingsraadmedezeggenschap te veel oppoetste.

Hierna zal ik aan de hand van een aantal recente voorbeelden uit de publieke sector laten zien hoe het zit met het primaat van de politiek in Nederland en bezien waar nu precies de macht ligt en waarom.

BRINKMAN

Met ingang van 1 oktober 1996 werd generaal J.W. Brinkman benoemd tot korpschef van het Regionale Politiekorps Rotterdam-Rijnmond. Met ingang van 1 januari 1998 was hij weer ontslagen. Brinkman was met veel publiek vertoon door minister van Binnenlandse Zaken Dijkstal en burgemeester Peper naar Rotterdam gehaald en met nadruk gepresenteerd als iemand van buiten de politieorganisatie die mede vanuit zijn achtergrond bij Defensie daadkrachtig hervormingen binnen het Rotterdamse politiekorps tot stand moest brengen. Het was en is binnen de politieorganisatie in Nederland heel ongebruikelijk om leidinggevende functionarissen van buiten de politie aan te trekken. De komst van Brinkman naar Rotterdam ging al meteen met veel tumult gepaard, omdat de ondernemingsraad van de Rotterdamse politie een negatief advies had afgegeven over de benoeming van Brinkman tot nieuwe korpschef. Dat was in het kader van zijn benoeming heel belangrijk, omdat nu juist in de analyse van de korpsbeheerder, burgemeester Peper, de medezeggenschap van de politiemensen via hun ondernemingsraad een van de grote problemen was bij de Rotterdamse politie. Bij de politie was, net als in andere overheidssectoren, in 1995 de Wet op de ondernemingsraden van toepassing geworden, hetgeen tot gevolg had dat een ander medezeggenschapsregime was gaan gelden dan daarvoor het geval was. Bij de overgang van het oude medezeggenschapssysteem naar de Wet op de ondernemingsraden was door de voorganger van Brinkman een belangrijke toezegging gedaan in de richting van de nieuw gekozen ondernemingsraad, namelijk dat deze laatste instemmingsrecht had bij door te voeren reorganisaties bij de politie. De ondernemingsraad in het bedrijfsleven heeft bij een reorganisatie nu juist géén *instemmingsrecht*, maar *adviesrecht*. Een van de opdrachten die aan Brinkman was meegegeven, was om te bevorderen dat deze verdergaande bevoegdheden van de ondernemingsraad, die vrijwillig door de korpsleiding en met medeweten van Peper waren verstrekt, werden teruggedraaid.

Ondanks het negatieve advies van de ondernemingsraad werd de benoeming van Brinkman gewoon doorgezet door Dijkstal en Peper, in de wetenschap dat deze nieuw benoemde korpschef een niet optimaal overlegklimaat zou aantreffen. Al vrij snel na zijn aantreden, namelijk in april 1997, is dan ook door de ondernemingsraad en bovendien door de regionale afdelingen van de Algemene Christelijke Politiebond, de Algemene Nederlandse Politievereniging en het Nederlandse Politieverbond het vertrouwen in korpschef Brinkman opgezegd. Vervolgens heeft zich in de maanden mei en juni 1997 een schouwspel ontrold waarvan het Nederlandse publiek grotendeels getuige heeft kunnen zijn omdat beide partijen, zowel korpsbeheerder Peper als korpschef Brinkman, de televisie en andere media gretig gebruikten om hun ruzie uit te vechten. In deze kwestie hebben zich enkele momenten en feiten voorgedaan die ik hier nog eens naar voren wil halen, omdat ze, ook met het oog op de hierna nog te behandelen zaken Steenhuis, Docters van Leeuwen en de grenscorrectie Den Haag, een inkijk geven in het denk- en handelingspatroon van belangrijke bestuurders in ons land. Alvorens daaraan toe te komen, is het noodzakelijk in het kort uiteen te zetten hoe de organisatie van de politie in Nederland in elkaar zit. Dat is geen eenvoudige opgave, zoals zal blijken.

Jarenlang is er strijd gevoerd over de vraag wie uiteindelijk de baas over de politie zou moeten zijn. We hebben in Nederland gedurende een lange reeks van jaren een onderscheid gehad tussen rijkspolitie en gemeentepolitie, waarbij de gemeentepolitie (uiteindelijk) onder Binnenlandse Zaken viel en de rijkspolitie onder Justitie. Deze stammenstrijd is begin jaren negentig opgelost door de invoering bij de nieuwe Politiewet van de zogeheten regionale politiekorpsen. Nederland is voor deze gelegenheid opgedeeld in 25 politieregio's waarbij de organisatie van de politie als volgt is geregeld. In iedere regio bestaat een regionaal politiekorps dat wordt bestuurd door het *regionale college*. Het beheer berust bij de *korpsbeheerder*. Het regionale college bestaat uit de burgemeesters van de in de regio gelegen gemeenten en de hoofdofficier van justitie. Het college wordt voorgezeten door de korpsbeheerder, die doorgaans tegelijkertijd burgemeester is van de in de regio gelegen grootste gemeente. Zo is de korpsbeheerder van de politie van de regio Rotterdam-Rijnmond de burgemeester van Rotterdam. Op voordracht van de korpsbeheerder en gehoord het regionale college wordt een *korpschef* aangesteld bij Koninklijk Besluit onder de politieke verantwoordelijkheid van de minister van Binnenlandse Zaken. De korpschef, in de volksmond ook wel hoofdcommissaris genoemd, is de hoogste baas van het politiekorps. Hij heeft verantwoording af te leggen aan zijn baas, het regionale college. De leiding van het regionale politiekorps berust aldus in een wankel evenwicht bij drie belangrijke hoofdrolspelers: de korpsbeheerder als voorzitter van het regionaal college, de korpschef als degene die verantwoordelijk is voor de dagelijkse leiding en de minister van Binnenlandse Zaken die verantwoordelijk is voor de benoeming van de korpschef en die politiek verantwoordelijk is voor de politie in Nederland. Dat de verhoudingen niet helemaal duidelijk zijn, is nog eens gebleken in 1998, toen er een advies van professor Elzinga uit Groningen aan te pas moest komen om boven tafel te krijgen wie nu de schadevergoeding moest betalen die door de rechter was toegekend aan Brinkman ter zake van het aan hem gegeven ontslag. Moest nu de regio Rotterdam-Rijnmond de aan Brinkman toegekende vijf jaarsalarissen (circa een miljoen gulden) betalen of moest de Staat der Nederlanden daarvoor opdraaien nu immers het ontslag was gegeven bij Koninklijk Besluit onder politieke verantwoordelijkheid van de minister van Binnenlandse Zaken? Ook tijdens de onverkwikkelijke verwikkelingen tussen Brinkman en Peper in de maanden mei en juni 1997 kwam voortdurend de vraag aan de orde waarom minister Dijkstal zich niet meer en indringender bemoeide met de ruzie tussen de heren van de politie in Rotterdam. Dijkstal hield zich afzijdig, zeggende dat de Politiewet hem niet de mogelijkheid bood om indringender op te treden.

Naast de minister van Binnenlandse Zaken, de korpsbeheerder en de korpschef speelt, als gezegd, ook Justitie een belangrijke rol in het spel, in de persoon van de hoofdofficier van justitie die lid is van het regionale college en die met de korpsbeheerder en de korpschef een 'driehoeksoverleg' pleegt te voeren.

Al met al is het nog niet zo eenvoudig antwoord te geven op de simpele vraag: wie is de baas van de politie? Buiten kijf staat dat in politiek opzicht de minister van Binnenlandse Zaken in de Tweede Kamer verantwoording dient af te leggen over politieaangelegenheden. Maar binnen de regio wordt het ingewikkelder. Zoals gezegd ligt de verantwoordelijkheid voor het bestuur van de regiopolitie bij het regionale college, bestaande uit de hoofdofficier en burgemeesters van een aantal gemeenten in de regio, onder aanvoering van de burgemeester van de grootste gemeente. Er is dus sprake van een collectieve verantwoordelijkheid, maar het is niet zo dat het regionale college onder democratische controle valt. Uiteraard hebben de burgemeesters die lid zijn van het regionale college verantwoording af te leggen aan de respectievelijke gemeenteraden, maar al die burgemeesters zijn slechts lid van het regionale college en hebben daarin geen doorslaggevende stem. In de gemeenteraad van Rotterdam is wel indringend gesproken over het beleid van de korpsbeheerder, tevens burgemeester van Rotterdam, en over de koers die met korpschef Brinkman is gevaren, maar een echte democratische controle van het regionale college in slechts één gemeenteraad binnen de regio is niet goed denkbaar.

Hoe dit verder ook zij, Brinkman heeft in zijn contacten met het regionale college en korpsbeheerder Peper ervaringen opgedaan die vraagtekens doen stellen bij de perceptie bij deze spelers van het begrip zorgvuldigheid. Op 14 mei 1997 hebben M.D.J. Jansen, plaatsvervangend korpsbeheerder, en J. Broekhuis, lid van het presidium van het regionale college, een rapport uitgebracht met de titel 'Korpsleiding, korps en medezeggenschap, bevindingen, analyse en aanbevelingen'. Hierin werden de resultaten neergelegd van een in opdracht van de korpsbeheerder gedaan onderzoek naar: 1) de conflict- en wrijfpunten inzake de medezeggenschap bij het Rotterdamse korps en 2) de wijze waarop de juiste en noodzakelijke communicatie tussen de korpsleiding, de ondernemingsraad en de vakbonden weer op gang gebracht kon worden. Aan het rapport was ook een aantal aanbevelingen verbonden. Een van de aanbevelingen was, dat in ieder geval tijdelijk het overleg tussen de korpsleiding en de ondernemingsraad niet zou worden gevoerd door Brinkman maar door een nader aan te wijzen persoon. Brinkman had grote moeite met deze voor hem pijnlijke aanbeveling, omdat hij juist was aangesteld om verandering aan te brengen in de medezeggenschapsrechten en medezeggenschapscultuur van de ondernemingsraad. Hij zag zich nu geconfronteerd met een voorstel waarbij hij in dit opzicht niet meer het voortouw zou hebben.

Over het omstreden punt vindt nader overleg plaats tussen Peper en Brinkman omdat Peper werkt aan een rapport over de situatie bij de regiopolitie, getiteld 'Beleid in balans, voorgeschiedenis, analyse, besluiten en voornemens'. Dit rapport van Peper wordt op 2 juni 1997 aan het regionale college ter instemming voorgelegd. Eraan voorafgaand heeft op 30 mei een gesprek plaatsgevonden tussen Brinkman en Peper waarin een aantal punten die in het rapport zouden worden opgenomen, is besproken. Een ervan betrof de vraag of de korpsleiding zou moeten worden uitgebreid met een persoon belast met alle sociale en personele aangelegenheden inclusief de contacten met de ondernemingsraad. Er werd in dat gesprek overeengekomen dat het beter was een dergelijke extra persoon niet aan te stellen.

Blijkens de uitspraak van de president van de rechtbank te Den Haag van 2 september 1997 in een door Brinkman tegen zijn ontslag aangespannen kort geding is het op 2 juni wat betreft het rapport 'Beleid in balans' en de kennis van de inhoud daarvan aan de kant van Brinkman als volgt gegaan. Brinkman kreeg op 2 juni zegge en schrijven een half uur voor de vergadering van het regionale college de tekst van het concept-rapport 'Beleid in balans' onder ogen. Hij constateerde in dat half uur dat met name het punt van het voeren van overleg met de ondernemingsraad niet in het rapport was opgenomen zoals hij het eerder op 30 mei met de burgemeester had afgesproken. Daarover en over enkele andere punten maakte Brinkman in de vergadering op 2 juni met het regionale college een aantal kritische opmerkingen. Deze kritiek schoot vervolgens weer in het verkeerde keelgat van de korpsbeheerder, die er een vertrouwensbreuk in zag. De president van de rechtbank merkt hierover op dat zij niet inziet waarom het Brinkman niet vrij stond om een reactie op het rapport te geven, nu een eerdere gelegenheid daartoe niet aan hem geboden was en hij, in strijd met daarover gemaakte afspraken, pas vlak voor de vergadering werd geconfronteerd met de tekst en inhoud van het rapport 'Beleid in balans'.

Terugkijkend op de gebeurtenissen moet op 2 juni 1997 de relatie tussen Peper en Brinkman voorgoed zijn verziekt. In ieder geval heeft het geleid tot een ontslag op grond van onverenigbaarheid van de karakters van de korpsbeheerder en de korpschef. Het ontslag is in een latere bodemprocedure door de rechtbank in Den Haag bij uitspraak van 3 maart 1998 gehandhaafd. In die uitspraak wordt ook weer gerefereerd aan de bijeenkomst van 2 juni 1997 die voor Brinkman zo onfortuinlijk is verlopen. De Haagse rechtbank, nu niet bestaande uit één persoon rechtsprekend in kort geding, maar met een volledige bezetting bestaande uit drie rechters, stelt hierin vast, dat op de houding van het regionale college wel degelijk het een en ander valt aan te merken. Het gaat hier, aldus de rechtbank, om feiten en omstandigheden die van betekenis geweest zijn voor de ontstane conflictsituatie maar die niet voor rekening van Brinkman gebracht kunnen worden. De rechtbank noemt in dit kader de volgende omstandigheden: 1) het niet tevoren door Peper met Brinkman bespreken van de tekst van het rapport 'Beleid in balans' zoals die aan het regionale college zou worden voorgelegd; 2) de korte tijd voor de vergadering om kennis te nemen van de definitieve inhoud van het rapport en 3) het niet uitgenodigd zijn van Brinkman voor de vergadering van het regionale college van 5 juni 1997 om daar zelf kenbaar te maken tot welke conclusies zijn beraad over het rapport had geleid. De rechtbank beschouwt dit optreden van Peper als zozeer laakbaar dat in de regeling ter zake de vergoeding die aan Brinkman moet worden betaald niet kan worden uitgegaan van de hoofdregel, die inhoudt dat Brinkman's salaris gedurende een periode van 18 maanden na zijn ontslag wordt doorbetaald. Deze periode wordt gesteld op vijf jaar. Anders gezegd, het onzorgvuldige gedrag van korpsbeheerder Peper en van het regionale college heeft de samenleving ten minste een half miljoen gulden gekost.

Maar ook afgezien van dit geldbedrag valt, met de Haagse rechtbank, de vraag te stellen hoe onze openbare bestuurders tot een dergelijk onzorgvuldig gedrag hebben kunnen komen. In wat een vreemde wereld moet men leven als men zonder knipperen van de ogen een vergadering belegt over het reilen en zeilen van de politie in de regio, men ten behoeve van die vergadering een belangrijk rapport schrijft en de inhoud van dat rapport slechts een half uur voor aanvang van de vergadering ter beschikking wordt gesteld van een van de hoofdrolspelers? Het is uiteraard altijd mogelijk dat personen zodanige karakters hebben dat die niet met elkaar verenigbaar zijn en voortdurend botsen. Het is ook lang niet uitgesloten dat een dergelijke botsing de karakters van Peper en Brinkman typeert, maar een dergelijke botsing kan nimmer een excuus opleveren om op een zodanig onzorgvuldige wijze het bestuur van de politie te voeren.

Hoewel je zou menen dat dergelijk gedrag tot uitzonderingen beperkt hoort te blijven, is dat helaas niet het geval. Uit de hierna volgende horrorstory inzake het ontslag van PG Docters van Leeuwen is op te maken dat ook op rijksniveau zulke dingen gebeuren.

STEENHUIS/DOCTERS VAN LEEUWEN

Eind 1998 werd A. Docters van Leeuwen benoemd tot lid van het bestuur van de Stichting Toezicht Effectenverkeer en in 1999 werd hij voorzitter van dit toezichthoudend orgaan. Docters van Leeuwen was voor die functie beschikbaar omdat hij op 16 februari 1998 door minister van Justitie Sorgdrager was ontslagen als voorzitter van het college van procureurs-generaal. Wanneer je de film over de gebeurtenissen die hebben geleid tot het ontslag van Docters van Leeuwen nog weer eens terugdraait, blijkt het een uiterst wonderlijke episode in de geschiedenis van bestuurlijk en politiek Nederland. Het is een film waarin de oren van het hoofd vallen van de minister van Justitie Sorgdrager, waar de minister-president zich 'en plein public' voor de televisie laat ontvallen dat hij vindt dat de crème de la crème van de Nederlandse rechtsstaat zich 'kinderachtig en onvolwassen' heeft gedragen en waarin de oorzaak van al deze heftigheid, PG Steenhuis, wordt overgeplaatst van Groningen naar Gelderland, terwijl hij zijn adviesfunctie bij onderzoeksbureau Bakkenist moet opgeven.

Wat was er ook weer aan de hand? Een al jaren slepende affaire inzake een politieman op Schiermonnikoog, Lancee, heeft aan het licht gebracht dat de verhoudingen in de driehoek tussen de korpsbeheerder, de korpschef en hoofdofficier van justitie in Groningen zijn verstoord. Lancee was midden in de nacht met een overkill aan politiemensen, die per helikopter van Groningen naar Schiermonnikoog waren getransporteerd, gearresteerd op verdenking van incest met zijn dochter Bianca. Achteraf is komen vast te staan dat hiervan geen sprake is geweest en dat rond deze arrestatie van Lancee allerlei fouten en onzorgvuldigheden zijn begaan die mede waren terug te voeren op de vertroebelde verhouding in de driehoek (Lancee is inmiddels een schadevergoeding van ongeveer een miljoen gulden toegekend). Op 27 oktober 1997 hebben de ministers van Justitie en Binnenlandse Zaken daarom opdracht gegeven aan Bureau Bakkenist Management Consultants om een onderzoek te doen naar de verhouding binnen het Groningse driehoeksoverleg. Op 31 december 1997 is het rapport Bakkenist klaar en het zou in januari of begin februari naar de Tweede Kamer worden gestuurd met daarbij de conclusies van de verantwoordelijke ministers. Het rapport Bakkenist lekt voortijdig uit, op 6 januari 1998, en op de dag daaropvolgend, 7 januari 1998, neemt korpschef Feenstra van Groningen zijn ontslag. Op 14 januari 1998 komt via tv-Noord het bericht naar buiten dat PG Steenhuis al enkele jaren een adviesfunctie uitoefent bij bureau Bakkenist.

Oud-Kamervoorzitter Dolman wordt gevraagd onderzoek te verrichten naar de nevenfuncties van Steenhuis en op 15 januari 1998 vindt in de Tweede Kamer een spoeddebat plaats over deze nevenfunctie. Het is bij deze gelegenheid dat Sorgdrager spreekt over haar eerste reactie op het bericht over Steenhuis: "Ik wist niet wat ik hoorde, de oren vielen van mijn hoofd. Ik neem dit buitengewoon hoog op." Op dat moment was Dolman net met zijn onderzoek begonnen. Naar aanleiding van een en ander wordt druk uitgeoefend op Steenhuis om zijn functie neer te leggen, doch deze geeft aan deze druk niet toe. Dolman doet zijn onderzoek en spreekt uiteraard ook met Steenhuis. Dolman spreekt met Steenhuis af dat zijn rapport *tegelijkertijd* naar hem én naar de minister zal worden gestuurd en dat Steenhuis een leestijd wordt gegund (48 uur) om een reactie voor te bereiden.

Op de avond van 21 januari levert Dolman zijn rapport in bij minister Sorgdrager en secretaris-generaal Borghouts met de aanbeveling om het zo spoedig mogelijk aan Steenhuis te verstrekken. Pas 24 uur later, op de avond van 22 januari 1998, krijgt Steenhuis de beschikking over het rapport Dolman. Hij bevindt zich dan, samen met de andere procureurs-generaal en voorzitter Docters van Leeuwen, op het Ministerie van Justitie. Voordien was aan Steenhuis al duidelijk geworden dat het rapport Dolman reeds afgerond was en dat de minister er de beschikking over had. Hij heeft ook begrepen dat hij slechts korte tijd, één à anderhalf uur, ter beschikking zal krijgen om het rapport te lezen en van een reactie te voorzien, alvorens het met een begeleidende brief van de minister naar de Tweede Kamer (en dus naar de pers) zal worden gestuurd.

Steenhuis kan zich met deze gang van zaken niet verenigen en bereidt een kort geding voor, teneinde te bereiken dat hij langer de tijd zal krijgen. Hij heeft inmiddels, hoewel hij het rapport nog niet gelezen heeft, wel van secretaris-generaal Borghouts begrepen dat de inhoud van het rapport voor hem niet geruststellend is. De hele avond vindt op het Ministerie van Justitie koortsachtig overleg plaats. Het rapport wordt uiteindelijk niet die avond naar de Tweede Kamer gestuurd maar om 10.00 uur de volgende dag, op 23 januari 1998. Het kort geding heeft geen doorgang gevonden, maar wel is in Nederland razendsnel een gerucht verspreid inzake 'muiterij van de procureurs-generaal' tegen de minister van Justitie. Alle media zijn op oorlogssterkte naar de Schedeldoekshaven in Den Haag getrokken om van dichtbij te verslaan hoe de oorlog tussen de procureurs-generaal en de minister van Justitie verloopt. Eindelijk, aan het eind van de avond om 23.00 uur, verschijnt Docters van Leeuwen voor de camera's om van een briefje voor te lezen dat de procureurs-generaal uiteraard het gezag van de minister erkennen en om vervolgens te verklaren dat er gesproken was over een aantal rechtspositionele zaken ten aanzien van Steenhuis. De gebeurtenissen op die avond van 22 januari 1998 op het Ministerie van Justitie zijn de aanleiding geweest voor het ontslag van Docters van Leeuwen. De laatste was niet bereid gebleken om vrijwillig ontslag te nemen nadat de Tweede Kamer op 28 januari in een debat over het conflict op de avond van 22 januari zich in grote meerderheid met de opvatting van de minister kon verenigingen en zich met enige verontwaardiging uitsprak over de opstelling van de procureurs-generaal.

Het Openbaar Ministerie is verbijsterd over het ontslag van Docters van Leeuwen, waarmee de kloof tussen het OM en de top ervan enerzijds en de politiek in de persoon van de ministers en de paarse fracties in de Tweede Kamer anderzijds hemelsbreed en duizelingwekkend diep is geworden.

Voor de buitenstaander/toeschouwer blijkt in ieder geval duidelijk dat ook hier weer omgangsvormen zijn getoond die niet voldoen aan de eisen van zorgvuldigheid. Opvallend is de overeenkomst met de hiervoor uiteengezette Brinkman-zaak: het rapport Dolman over de nevenfuncties van Steenhuis en de gevolgen die daaraan voor Steenhuis werden verbonden, zou slechts zéér kort voor een cruciaal moment aan Steenhuis ter beschikking worden gesteld. Belangrijk argument voor deze handelwijze van minister Sorgdrager was de vrees dat een eerdere verstrekking van het rapport aan Steenhuis en de overige leden van het college van procureurs-generaal gevaar voor uitlekken met zich meebracht, waardoor mogelijk de positie van de minister zou worden verzwakt. Onbegrijpelijk is dat op het niveau waarop dit zich afspeelt, dat van procureurs-generaal, minister en secretaris-generaal, het niet mogelijk is gebleken om een afspraak te maken over het vertrouwelijk ter inzage geven van een bepaald rapport, met de garantie dat geen van de betrokkenen met het rapport naar de pers zal gaan. In ieder geval is de uiteindelijk verantwoordelijke bewindspersoon, degene die al dan niet een besluit ter zake van Steenhuis zou moeten nemen, erop aan te spreken dat in de omgang met haar procureur-generaal de zorgvuldigheidseis moet worden nageleefd.

DE GRENZEN VAN DE GEMEENTE DEN HAAG EN ANDERE MEDEZEGGENSCHAPSPERIKELEN

De overheid heeft grote moeite om de door haarzelf gestelde regels over medezeggenschap van haar personeel na te leven. Nu zij zich heeft verplicht voor wat betreft de medezeggenschap vrijwel dezelfde regels toe te passen als waartoe het bedrijfsleven sinds 1979 is gehouden (de Wet op de ondernemingsraden), valt op dat de overheid zoveel moeite heeft met die regels. Bovendien valt op dat het openbaar bestuur, óók als het niet om persoonlijke kwesties of karakters gaat, een handelingspatroon ontwikkeld heeft dat op gespannen voet met het recht staat. Ik geef een aantal voorbeelden.

De gemeente Den Haag is al jarenlang in debat met andere gemeenten in de nabije omgeving, zoals Rijswijk, Nootdorp en Leidschendam, over de grenzen van de verschillende gemeenten. Het is de bedoeling van gedeputeerde staten van de provincie Zuid-Holland en ook van de gemeente Den Haag om grenscorrecties te laten plaatsvinden waardoor delen van de drie kleinere gemeenten zullen overgaan naar het grondgebied van de gemeente Den Haag. Dat brengt met zich mee dat delen van het grondgebied van Rijswijk voortaan onder Den Haag zullen vallen. Zoals tal van andere samenvoegingen en grenscorrecties van gemeenten in Nederland in de afgelopen jaren hebben geleerd, liggen dergelijke besluiten uiterst gevoelig bij de bevolking. Burgers voelen zich inwoners van bijvoorbeeld de gemeente Rijswijk en dat is in hun ogen iets heel anders dan Den Haag. Kortom, er is verzet in de gemeente tegen annexatie van delen van de gemeentegrond door Den Haag. Zoals altijd in dit soort debatten, zijn er argumenten vóór, bezien vanuit de efficiency van een gemeentelijke indeling en bezien vanuit de provincie, en zijn er argumenten tégen, bezien vanuit de gemeenten die grond moeten afstaan. Waar het mij in het verband van dit boek om gaat, is niet zozeer wie er in een dergelijk debat het gelijk aan zijn zijde heeft (als dat al objectief zou zijn uit te maken), maar om de wijze van besluitvorming en de manier waarop het openbaar bestuur in de persoon van de provincie en de betrokken gemeenten de ondernemingsraden buiten de besluitvorming hebben willen houden. Slechts door inschakeling van de Ondernemingskamer van het gerechtshof te Amsterdam is afgedwongen dat de ondernemingsra-

den van de betrokken gemeenten advies konden gaan uitbrengen over de voorgenomen besluiten inzake de wijziging van de gemeentegrenzen.

Over dit adviesrecht van de ondernemingsraad hebben
zich verhitte debatten afgespeeld, omdat sommigen
menen dat een ondernemingsraad van een gemeente helemaal niets te maken heeft met de politieke besluitvorming,
bijvoorbeeld over de gemeentegrens. Anderen wijzen er
juist op dat dergelijke wijzigingen van de gemeentegrenzen gevolgen hebben voor het gemeentepersoneel en dat
het personeel, net als in het bedrijfsleven, via de ondernemingsraad advies moeten kunnen geven over een dergelijke besluitvorming.

Centraal in deze discussie staat het gegeven dat de wetgever in 1995 eindelijk de Wet op de ondernemingsraden, die
al in 1979 voor het bedrijfsleven was gaan gelden, ook op
de overheid van toepassing heeft verklaard. Vanaf 1995
dus zijn bij provincies, gemeenten en op rijksdepartemen-
ten ondernemingsraden gekozen, die beschikken over de
bevoegdheden die ondernemingsraden in de particuliere
sector al lang hebben. Daaronder valt bijvoorbeeld het
geven van advies over belangrijke besluiten in de sfeer van
reorganisatie, fusie, ontvlechting, de plaats waar de arbeid
wordt verricht etc.

Bij het toepasselijkverklaren van de Wet op de ondernemingsraden op de overheid is geprobeerd een voorbehoud te maken voor besluiten die onder 'het primaat van
de politiek' vallen. Er is een aparte bepaling in de wet opgenomen waarin staat te lezen dat "de publiekrechtelijke
vaststelling van taken van publiekrechtelijke lichamen,
noch het beleid ten aanzien van en de uitvoering van die
taken, behoudens voor zover het betreft de gevolgen daar-

van voor de werkzaamheden van het personeel" onder het adviesrecht van de ondernemingsraad valt. Uit de in de wet neergelegde formulering blijkt al dat het hier niet om een eenvoudige kwestie gaat. Publiekrechtelijke lichamen als Provinciale Staten, gemeenteraden e.d. nemen besluiten over onderwerpen die tot de publiekrechtelijke taak behoren. Neem maar eens als voorbeeld het ophalen van huisvuil. Het is een publiekrechtelijke taak van de gemeente om te zorgen dat huisvuil verzameld wordt en dat het op een nette manier wordt afgevoerd. Anders ontstaat er immers gevaar voor de volksgezondheid. Stel nu dat er in een gemeente wordt besloten om de vuilophaal te privatiseren, dat wil zeggen over te hevelen van een gemeentelijke dienst naar een privaatrechtelijke onderneming. Mag de ondernemingsraad van de gemeente of de ondernemingsraad van Dienst Gemeentereiniging daarover dan advies uitbrengen? Is het niet zo dat een dergelijke besluit uitsluitend behoort te worden genomen door het politieke forum in een gemeente, de gemeenteraad, en dat het personeel een dergelijk besluit maar heeft uit te voeren? Mochten er door dergelijke besluiten ontslagen vallen of mochten er wijzigingen plaatsvinden in de rechtspositie van degenen die werkzaam zijn bij het betrokken onderdeel, dan kan daarover uiteraard altijd overleg plaatsvinden met de vakorganisaties. Of is een dergelijk besluit nauwelijks of niet te onderscheiden van een besluit dat bijvoorbeeld Philips neemt als van de fabriek in Drachten, waar zowel gloeilampen als computerchips worden gemaakt, de chipafdeling wordt overgedaan aan concurrent Siemens?

In ieder geval staat vast dat de ondernemingsraad van Philips in Drachten over het besluit van Philips tot het verkopen van een onderdeel van de fabriek adviesrecht toekomt. Als het besluit tegen de zin van de ondernemingsraad toch wordt genomen, kan hij in beroep gaan bij de Ondernemingskamer van het gerechtshof in Amsterdam. De gemeente echter is geen particulier bedrijf maar een openbare instelling. Om recht te doen aan dit gegeven heeft de regering in samenspraak met de Tweede en Eerste Kamer in 1995, toen de Wet op de ondernemingsraden op de overheid van toepassing werd, de hierboven geciteerde bepaling opgenomen, waarin men probeerde neer te leggen dat de ondernemingsraad geen adviesrecht zou hebben, en vooral ook geen beroepsrecht, als het ging om de vaststelling van taken van publiekrechtelijke lichamen. Deze problematiek is in de samenspraak tussen regering en parlement bij de totstandkoming van de wet niet ten diepste uitgediscussieerd, zodat in de wet een niet erg duidelijke formule is terechtgekomen. Ook de Raad van State had in zijn advisering voorafgaande aan de behandeling van de voorstellen van wet in het parlement over dit punt al vragen gesteld.

Het debat over de vraag waar nu precies het primaat van de politiek in dit verband ligt en wat de bevoegdheid, of anders gezegd de macht, van de ondernemingsraad in dergelijke zaken is, kwam aan de orde bij de genoemde grenscorrectie van Den Haag. Het politiek bevoegde orgaan in deze zaak was Provinciale Staten van Zuid-Holland. Op voorstel van gedeputeerde staten van Zuid-Holland kon dit publiekrechtelijke lichaam een beslissing nemen over de wijziging van de grenzen van de betrokken gemeenten. Nu verzuimd was aan de gemeenteraden van de betrokken gemeenten advies te vragen, gingen deze ondernemingsraden in beroep bij de Ondernemingskamer van het gerechtshof van Amsterdam. De Ondernemingskamer is gespecialiseerd in het behandelen van beroepen van ondernemingsraden tegen besluiten van ondernemers waarover die ondernemingsraden een advies hebben uitgebracht. Ook is het vanaf 1979 gebruikelijk geworden dat de Ondernemingskamer wordt benaderd door ondernemingsraden die in hun ogen ten onrechte niet om advies zijn gevraagd en dat adviesrecht via de rechter alsnog willen afdwingen. In het begin van de jaren tachtig zijn er regelmatig uitspraken gedaan door de Ondernemingskamer in dit soort kwesties, spelend in particuliere bedrijven. In de tweede helft van de jaren tachtig was de lijn in de jurisprudentie wel duidelijk en wisten de managers in de bedrijven waar ze aan toe waren. Wat is nu in de afgelopen 20 jaar op dit punt de rode draad in de jurisprudentie van de Ondernemingskamer geworden? Een viertal hoofdlijnen is zichtbaar.

Allereerst kan worden vastgesteld dat de Ondernemingskamer het van groot belang vindt dat de ondernemer, alvorens zijn besluit te nemen, *kennis heeft genomen van het advies van de ondernemingsraad*. Besluiten door de ondernemer genomen zonder het advies van de ondernemingsraad ter zake te kennen, lopen grote kans kennelijk onredelijk bevonden te worden. Dat was al direct het geval in de eerste zaak van de Ondernemingskamer in 1980: "...niet nakomen van het adviesrecht betekent (...) dat de ondernemer niet heeft kennis kunnen nemen van de zienswijze van de ondernemingsraad (...) hetgeen meebrengt dat het besluit in redelijkheid niet genomen had kunnen worden." Later werd dit oordeel enigszins genuanceerd toen het college oordeelde dat het voorbijgaan aan de adviesbevoegdheid van de ondernemingsraad *in het algemeen* met zich brengt dat de ondernemer bij afweging van de betrokken belangen in redelijkheid niet tot zijn besluit kan komen. Door toevoeging van de woorden 'in het algemeen' schiep de Ondernemingskamer zich de mogelijkheid om in (hoge) uitzonderingsgevallen een besluit niet kennelijk onredelijk te achten ondanks het feit dat ten onrechte geen advies was gevraagd. Tot op heden bestaat van een dergelijk uitzonderingsgeval slechts een enkel voorbeeld.

In de tweede plaats, samenhangend met de hierboven vermelde eerste hoofdlijn, acht de Ondernemingskamer het van groot belang dat, behalve aan de adviesbevoegdheid van de ondernemingsraad, tevens wordt recht gedaan aan de overige *procedurele voorschriften* van de wet. Het niet of onvoldoende c.q. onvolledig voldoen aan deze voorschriften leidt dikwijls tot het oordeel dat de ondernemer bij afweging van de betrokken belangen in redelijkheid niet tot zijn oordeel kan komen. In de meeste gevallen in de jurisprudentie waarin de Ondernemingskamer tot het oordeel kwam dat de ondernemer bij afweging van de belangen in redelijkheid niet tot zijn besluit kon komen, was sprake van een procedureel defect in de adviesprocedure. De Ondernemingskamer acht een besluit vrijwel altijd kennelijk onredelijk indien door het defect bij de besluitvorming wezenlijk aan de in de WOR gewaarborgde belangen van de ondernemingsraad is tekort gedaan.

Een derde hoofdlijn in de jurisprudentie heeft betrekking op het gegeven dat de ondernemer bij het nemen van zijn besluit *terugkomt op eerder gedane toezeggingen, eerder gemaakte afspraken niet nakomt of opgewekte verwachtingen niet honoreert.* In geval de ondernemingsraad in zijn advies hierop wijst, en de ondernemer niet aannemelijk heeft gemaakt in de motivering van zijn besluit dat en waarom het noodzakelijk is van de gedane toezegging af te wijken, is de kans groot dat de Ondernemingskamer een dergelijk besluit kennelijk onredelijk acht.

Ook de Hoge Raad heeft de kans gehad zich hierover uit te laten. Het ging hier over het besluit van Enka bv te Arnhem om de vestiging van de fabriek te Breda te sluiten. De centrale ondernemingsraad had gesteld dat dit besluit in strijd was met eerder gedane toezeggingen. De Ondernemingskamer (22 oktober 1981) oordeelde dat de ondernemer inderdaad gegronde verwachtingen had gewekt omtrent het voortbestaan van Enka-Breda en stelde tevens vast dat slechts omstandigheden van ernstige aard ertoe kunnen leiden dat de ondernemer zich niet overeenkomstig die verwachtingen en dat vertrouwen behoeft te gedragen. Hoewel de Hoge Raad de beschikking van de Ondernemingskamer casseerde, werd daarmee niet het belang van het vertrouwensbeginsel teniet gedaan. De Hoge Raad overwoog immers: "De Ondernemingskamer heeft voormelde toezegging terecht zwaar laten wegen bij de beantwoording van de vraag of Enka bij afweging van de betrokken belangen in redelijkheid tot haar bestreden besluit met betrekking tot de spinnerij-afdeling te Breda had kunnen komen", en vervolgens verwerpt de Hoge Raad de bezwaren die tegen dit onderdeel van de beschikking van de Ondernemingskamer waren gericht. Wel bracht de Hoge Raad een nuancering aan in de invulling van het willekeursbegrip. De Hoge Raad casseerde omdat de Ondernemingskamer naar zijn oordeel te weinig acht had geslagen op de door Enka gestelde ándere belangen bij het besluit dan die van het personeel te Breda, te weten de continuïteit van het concern en het daarin werkzame personeel als geheel. Dat belang van de continuïteit kan het onder omstandigheden 'winnen' van het nakomen van een toezegging.

In de vierde plaats is in de invulling die de Ondernemingskamer in haar jurisprudentie aan het willekeurscriterium geeft te onderkennen dat een besluit kennelijk onredelijk wordt geacht indien de ondernemer heeft *nage-laten het belang van de werknemers voldoende duidelijk af te wegen tegen andere belangen*. Dit blijkt uit de Fluke-zaak. Het betrof hier een besluit van Fluke Holland bv te Tilburg om de fabriek in Tilburg waar meet- en regelapparatuur werd geproduceerd, te sluiten. De ondernemer, een 100-procentsdochter van het Amerikaanse Fluke Inc., had besloten dat sluiting noodzakelijk was, omdat uit onderzoek was gebleken dat daarmee het resultaat van het concern als geheel op jaarbasis met een miljoen dollar zou toenemen. De ondernemingsraad adviseerde negatief en wees er onder meer op dat de Tilburgse vestiging winst maakte. De Ondernemingskamer oordeelde desgevraagd dat het besluit kennelijk onredelijk was: "Door bij een besluit geen dan wel onvoldoende inzicht te geven in de afweging van de belangen die in aanmerking moeten worden genomen, doet een ondernemer wezenlijk tekort aan de positie van de ondernemingsraad zoals deze in de WOR is gewaarborgd. Dit brengt in het algemeen met zich dat die ondernemer niet in redelijkheid tot zijn besluit heeft kunnen komen. Dit klemt te meer in het onderhavige geval waarin sprake is van een besluit tot sluiting van een op zichzelf rendabele onderneming."

Resumerend blijkt dat de Ondernemingskamer belang hecht aan een zorgvuldige besluitvorming overeenkomstig de voorschriften van de wet, aan een zichtbare en gemotiveerde afweging van de belangen die bij het besluit een rol spelen en, indien van gedane toezeggingen wordt afgeweken, aan het aannemelijk maken/zijn van bijzondere omstandigheden die afwijking van de toezeggingen rechtvaardigen.

Heeft het optreden van de Ondernemingskamer de zorgvuldigheid van de besluitvorming in het particuliere bedrijfsleven en in non-profit instellingen aanzienlijk verbeterd, dezelfde belangrijke rol heeft de Ondernemingskamer de laatste vier jaar gespeeld bij het beantwoorden van de vraag wat nu de taak van de ondernemingsraad kan zijn bij besluiten die onder het politieke primaat van het besluitnemende lichaam vallen. De ondernemingsraden van de gemeenten Nootdorp, Rijswijk en Leidschendam gingen naar de Prinsengracht in Amsterdam om van de Ondernemingskamer te horen: a) dat zij recht hadden om advies uit te brengen over de gemeentecorrectie van Den Haag en b) dat, zolang dat advies nog niet is uitgebracht, die correctie niet kan doorgaan. De ondernemingsraden zijn twee keer bij de Ondernemingskamer beland, begin november en eind november 1998. In de eerste uitspraak werd opschorting gevraagd van het besluit van 29 september 1998 van gedeputeerde staten van de provincie Zuid-Holland om de grenscorrectie aan Provinciale Staten voor te leggen. Dat verzoek van de ondernemingsraad werd toegewezen. Er was wel een interessant verweer door de provincie naar voren gebracht bij de behandeling van de zaak bij de Ondernemingskamer. Dit hield in dat niet goed viel in te zien hoe de *gemeenten* aan hun ondernemingsraden advies konden vragen over een besluit dat tenslotte door de *provincie* zou worden genomen. De rechters van de Ondernemingskamer hebben hierop beslist dat de provincie moet worden beschouwd als een *mede*-ondernemer, nu het besluit waar het hier om gaat rechtstreeks ingrijpt in de ondernemingen van de gemeenten. Door er op die manier naar te kijken, zegt de Ondernemingskamer, wordt voorkomen dat de Wet op de ondernemingsraden in verhoudingen als die hier aan de orde zijn in strijd met de bedoeling van de wet geen enkele betekenis zou hebben. Verder beroept de provincie zich erop dat hier een besluit aan de orde is dat valt onder het primaat van de politiek. Immers, Provinciale Staten zijn bevoegd en dan is de uitzondering in de Wet op de ondernemingsraden van toepassing. Ook daarin volgt de Ondernemingskamer de provincie niet. Het besluit heeft gevolgen voor het personeel werkzaam bij de gemeenten en die gevolgen kunnen niet los worden gezien van het besluit op zichzelf voor herindeling. In die situatie, zegt de Ondernemingskamer, is het adviesrecht van de ondernemingsraad met toepassing van de wet wel degelijk aan de orde.

Deze beslissing van de rechters in Amsterdam lokte kritiek uit van de provinciale bestuurders. Maar op 26 november 1998 deed de Ondernemingskamer nog een uitspraak, nu niet in een kort geding maar in de bodemzaak over de grenscorrectie in Den Haag. Na het eerdere kort geding had de provincie er inmiddels wel voor gezorgd dat aan de betreffende gemeentelijke ondernemingsraden adviezen waren gevraagd, maar die adviesaanvraag voldeed niet in de ogen van de Ondernemingskamer. Er werd ten ene male onvoldoende ingegaan op de gevolgen van het besluit over de grenscorrecties voor het erbij betrokken personeel. Het verstrekken van een werkgelegenheidsgarantie was hier onvoldoende. Er werd wel melding gemaakt van een sociaal statuut maar wat er in dat sociaal statuut zou worden geregeld, daarover werd zelfs niet op hoofdpunten inzicht gegeven in de adviesaanvraag. Met andere woorden, er was niet voldaan aan het wettelijk vereiste dat een adviesaanvraag over een belangrijke besluit moet zijn voorzien van aanwijzingen over de gevolgen van dat besluit voor het betrokken personeel en wel zo precies mogelijk. Hier trok de Ondernemingskamer gewoon de lijn door van de jurisprudentie die, zoals hierboven al is gebleken, ook geldt voor bedrijven in de particuliere sector, zowel in de profit- als de non-profitsector.

Deze tweede uitspraak van de Ondernemingskamer in de zaak van de grenscorrectie Den Haag wekte, behalve de woede van de Zuid-Hollandse provinciale bestuurders, ook de toorn van de commissaris van de Koningin in Noord-Holland, dr. J. van Kemenade.

Hij vond, blijkens een interview in *de Volkskrant* van 7 december 1998, dat de rechter op de stoel van de politiek was gaan zitten. Hier wreekt zich enerzijds onkunde over de toepassing van de Wet op de ondernemingsraden en de door de Ondernemingskamer in een reeks van jaren opgebouwde jurisprudentie voor het bedrijfsleven, en anderzijds wordt getamboereerd op het al eerder van Van Kemenade bekende punt dat de rechter zich te veel inlaat met bestuursbesluiten.

Laten we nog eens even kijken naar de kwesties die de Ondernemingskamer al had behandeld in de jaren '96, '97 en '98, vóórdat de grenscorrectie van Den Haag aan de orde kwam.

Anderhalf jaar na de inwerkingtreding van de WOR bij de overheid had de Ondernemingskamer een eerste beschikking gewezen met betrekking tot het primaat van de politiek. Het ging hier om de privatisering van een verpleeg- en verzorgingshuis in Amsterdam (OK 24 oktober 1996). De centrale ondernemingsraad van de Gemeentelijke Organisatie voor Verpleging en Verzorging (GOVV) stelde beroep in tegen het besluit van de gemeente tot privatisering van het GOVV. Het GOVV exploiteerde in Amsterdam het verpleeghuis Dr. Sarphatihuis en het verzorgingscentrum voor ouderen Nellestein. Op 6 juni 1996 stuurde de bestuurder van GOVV de centrale ondernemingsraad ter advisering het collegebesluit 'verzelfstandiging GOVV' toe. Tijdens een overlegvergadering op 3 juli 1996 stelde de bestuurder ten opzichte van de centrale ondernemingsraad dat de advisering slechts een formaliteit was, aangezien de gemeente het besluit al had genomen. Immers, op 29 mei 1996 had de gemeenteraad van Amsterdam besloten in principe in te stemmen met de privatisering van GOVV. De kwestie werd door de centrale ondernemingsraad aan de Ondernemingskamer voorgelegd. De gemeente beriep zich op het primaat van de politiek en betwistte hiermee de aanwezigheid van het adviesrecht van de centrale ondernemingsraad. Volgens de gemeente betrof het besluit de publiekrechtelijke vaststelling van de taak van de gemeente, respectievelijk het beleid ten aanzien van en de uitvoering van die taak. De Ondernemingskamer stelde vast dat in het hier aan de orde zijnde besluit daadwerkelijk keuzes werden gemaakt op het terrein van de arbeidsvoorwaarden en dat het dus gevolgen had voor de werkzaamheden van de in de onderneming werkzame personen. De scheiding tussen het besluit tot privatisering enerzijds en de gevolgen voor het personeel anderzijds viel hier in de ogen van de Ondernemingskamer niet te maken.

In de tweede beschikking die de Ondernemingskamer heeft genomen omtrent het onderwerp van medezeggenschap bij de overheid was het klassieke voorbeeld van de privatisering van een vuilophaaldienst aan de orde (OK 17 juli 1997). Het betrof een besluit aangaande de Roteb, de dienst voor Reiniging, Ontsmetting, Transport en Bedrijfswerkplaatsen van de gemeente Rotterdam. De gemeente Rotterdam had na een negatief advies van de ondernemingsraad een besluit genomen tot gedeeltelijke verzelfstandiging van de Roteb. De ondernemingsraad van Roteb ging tegen dit besluit in beroep, stellende dat het door de gemeente genomen besluit afweek van het gegeven advies. De gemeente stelde zich op het standpunt dat de ondernemingsraad geen adviesrecht toekwam, nu het hier de publiekelijke vaststelling van haar taken betrof. De Ondernemingskamer overwoog dat de beperking van de Wet op de ondernemingsraden restrictief moet worden uitgelegd. De gemeente had niet, of althans onvoldoende, toegelicht waarom in dit geval de beslissing over de wijze waarop de activiteiten van Roteb vorm moesten worden gegeven onder het politiek primaat zou zijn te begrijpen. Het maken van keuzes daaromtrent betrof weliswaar de publieke taak van de gemeente, maar viel niet zonder meer reeds daarom onder het primaat van de politiek. Integendeel, de ondernemer had zelfs expliciet overwogen dat het bestreden besluit op pragmatische gronden berustte. Nu de gemeente niet had aangegeven waar in dit besluit nu de uitsluitend politieke aard zat, maar juist wees op het pragmatische karakter, was de uitzondering op het adviesrecht van de ondernemingsraad niet van toepassing.

Op 2 april 1998 wees de Ondernemingskamer een derde beschikking, waarin het primaat van de politiek aan de orde was. Het betrof het instellen van nieuwe gebiedsindelingen voor de Kamers van Koophandel in de regio Rotterdam. Over het vaststellen van de nieuwe gebiedsgrenzen was geen advies gevraagd aan de ondernemingsraden van de betrokken Kamers van Koophandel. In de aangespannen zaak voor de Ondernemingskamer beriepen de Staat der Nederlanden en de Kamer van Koophandel te Rotterdam zich onder meer op het ontbreken van het adviesrecht van de ondernemingsraad met het oog op de Wet op de ondernemingsraden. In haar beschikking zegt de Ondernemingskamer nog eens luid en duidelijk dat het artikel in de Wet op de ondernemingsraden een uitzonderingsbepaling vormt. Niet bestreden wordt dat het besluit gevolgen voor de werkgelegenheid had. Dit betekent dat het besluit reeds daarom adviesplichtig is. Nu het advies niet gevraagd is, heeft de ondernemer onjuist gehandeld.

Was de lijn in de jurisprudentie van de Ondernemingskamer al duidelijk geworden, op 22 juli 1999 heeft dit rechterlijk college voor de vierde maal duidelijk geformuleerd hoe volgens haar de wet in Nederland luidt. Het betrof hier wederom een klassiek geval van veronachtzaming van de rechten van de ondernemingsraad. Staatssecretaris Rick van der Ploeg van Cultuur had in het kabinet de besluitvorming rondgekregen omtrent de afschaffing van de omroepbijdragen. De bijdragen die Nederlanders betalen om de publieke omroep in stand te houden worden, in jargon gezegd, 'gefiscaliseerd', hetgeen betekent dat de aparte inning van omroepbijdragen komt te vervallen.

Nu kennen we in Nederland sinds jaar en dag de Dienst Omroepbijdragen, een zelfstandig bestuursorgaan, waarbij ongeveer 275 personen werkzaam zijn. Duidelijk is dat de afschaffing van de omroepbijdragen zoals die in Nederland bekend zijn, grote gevolgen heeft voor het personeel bij die dienst. Afschaffing van de omroepbijdragen betekent opheffing van de Dienst Omroepbijdragen en de overgang van het personeel naar de Belastingdienst. De afschaffing van de Dienst Omroepbijdragen moet bij wet geschieden en op 15 juli 1999 is een voorstel voor een dergelijke wet voor advies naar de Raad van State gestuurd. De ondernemingsraad van de Dienst Omroepbijdragen was in het geheel niet om advies gevraagd omtrent deze besluitvorming. Staatssecretaris Van der Ploeg meende dat het hier om een politiek besluit ging waarover de ondernemingsraad niets te vertellen heeft. Een dergelijk standpunt is voor een bewindsman van sociaal-democratische huize al niet helemaal begrijpelijk. Maar met de Wet op de ondernemingsraden in de hand en de hiervoor weergegeven jurisprudentie van de Ondernemingskamer is een dergelijk besluit nog onbegrijpelijker. De Ondernemingskamer maakte dan ook korte metten met de staatssecretaris. Beslist werd op 22 juli 1999 dat de ondernemingsraad adviesrecht toekomt over het besluit tot afschaffing van de Dienst Omroepbijdragen. Het verweer van de staatssecretaris dat áls de ondernemingsraad al adviesrecht heeft, dit alleen zou mogen gaan over de personele gevolgen van het besluit en niet over het besluit zelf, werd terzijde geschoven. Het besluit zelf is zo zeer verbonden met de gevolgen die het heeft voor het personeel, dat je niet meer van serieuze inspraak van het personeel kunt spreken als deze scheiding moet worden aangebracht. Bovendien had de Ondernemingskamer dat ook al in eerdere beslissingen uitgemaakt.

Belangrijker nog is dat de Ondernemingskamer in de beslissing over de Dienst Omroepbijdragen nog eens uitgebreid ingaat op het punt dat de politici zo bezighoudt: hoe kan een ondernemingsraad nu adviesrecht hebben over een politiek besluit? De Ondernemingskamer zegt dat de toekenning van het adviesrecht aan een ondernemingsraad geen afbreuk doet aan het primaat van de politiek. Niet valt in te zien, zegt de Ondernemingskamer, waarom of in welk opzicht afbreuk wordt gedaan aan het primaat van de politiek, indien de ondernemingsraad voorafgaande aan de besluitvorming en voorafgaande aan de indiening van een wetsvoorstel, een advies geeft over het voorliggende besluit. Maar nog afgezien daarvan, zegt de Ondernemingskamer, is het gewoon in de wet vastgelegd dat de ondernemingsraad van een dergelijke dienst bij een cruciaal besluit als het opheffen ervan adviesrecht heeft. Staatssecretaris Van der Ploeg werd dan ook veroordeeld om alsnog advies te vragen aan de ondernemingsraad over de afschaffing van de Dienst Omroepbijdragen.

De Ondernemingskamer gaat in de beslissing over de Dienst Omroepbijdragen rechtstreeks in debat met de politiek. Het rechterlijke college, onder aanvoering van mr. Willems, zet nog eens duidelijk uiteen dat de wet er niet voor niets is. Verder wordt gesteld dat een adviesrecht van de ondernemingsraad niet betekent dat de politiek geen besluit zou kunnen nemen in de daartoe bevoegde en gekozen democratische organen.

Uit de hierboven behandelde vier gevallen die de Ondernemingskamer inmiddels kreeg voorgelegd met betrekking tot 'het primaat van de politiek', valt te concluderen dat de Ondernemingskamer bereid is maximale ruimte te geven aan het adviesrecht van de overheidsondernemingsraad.

Naar mijn opvatting heeft de Ondernemingskamer in de rechtspraak blijk gegeven van een goed verdedigbare en werkbare uitleg van een politiek en juridisch moeizaam geformuleerd wetsartikel.

Ten principale valt niet in te zien waarom er op het punt van het advies- en beroepsrecht van de ondernemingsraad voor een overheidsinstelling andere regels gesteld zouden moeten worden dan die welke diezelfde overheid aan het bedrijfsleven oplegt. Goed beseft dient te worden dat wij hier spreken over een adviesrecht van de ondernemingsraad ter zake van besluiten die praktisch gesproken vrijwel altijd het personeel raken. Niet valt in te zien wat een advies van de ondernemingsraad afdoet aan de democratische controle van een dergelijk besluit door het gezaghebbende orgaan als bijvoorbeeld de gemeenteraad of

Provinciale Staten. Alvorens besluiten over bijvoorbeeld privatisering van een gemeentelijke vuilnisophaaldienst worden genomen, wordt vrijwel altijd ook advies ingewonnen van commerciële instituten als organisatieadviesbureaus e.d. Dergelijke adviezen worden 'meegenomen' bij de besluitvorming. Dan kan een advies van de ondernemingsraad ook wel worden 'meegenomen'. De laatste verdedigingslinie van de politici is dan dat de ondernemingsraad, anders dan de commerciële adviesbureaus, een beroepsrecht heeft bij de Ondernemingskamer en dat het toch niet zo kan zijn dat de rechter i.c. de Ondernemingskamer het politieke besluit controleert. Zoals gezegd, reeds vóór de inwerkingtreding van de wet is aangegeven dat de Ondernemingskamer niet de doelmatigheid, doch slechts de rechtmatigheid van de politieke besluitvorming toetst. Het primaat van de politiek is niet vervangen door het primaat van de Ondernemingskamer, maar het rechterlijke college heeft het volle pond gegeven aan medezeggenschap van de ondernemingsraad bij de overheid. Aangezien de Ondernemingskamer dat volle pond al eerder ter beschikking had gesteld van ondernemingsraden in de particuliere sector, is er weer een stap gezet in de normalisering van de arbeidsverhoudingen bij de overheid. (Vgl. Sprengers, 1998)

'RULE OF LAW'

Het primaat van de politiek is een begrip dat vele gedaanten kent. Er wordt soms mee bedoeld dat in het verkeer tussen de regering en de Tweede Kamer de laatste niet klakkeloos moet volgen wat de eerste wil, omdat er een regeerakkoord ligt waar dat in staat. Het primaat van de politiek betekent hier dat er over belangrijke besluiten een diepgaand debat dient plaats te vinden tussen regering en Tweede Kamer waarbij de besluitvorming in het openbaar plaatsvindt. Dit in tegenstelling tot besloten vergaderingen van de fractievoorzitters van de regeringspartijen met de belangrijkste ministers van de regering in het 'torentje' van de minister-president.

Een andere betekenis van het begrip 'het primaat van de politiek' is dat de politici het voortouw moeten nemen ten koste van het middenveld als bijvoorbeeld werkgeversorganisaties, vakbonden, brancheorganisaties etc.

Weer een andere betekenis van het primaat van de politiek hebben we hierboven gezien bij het optreden van overheidslichamen ten opzichte van hun ondernemingsraden. Ook daar is sprake van het primaat van de politiek en van de vraag in welke gevallen de ondernemingsraad als de vertegenwoordiging van het personeel een steentje mag bijdragen in de besluitvorming door middel van het geven van een advies.

Ten slotte is het begrip primaat van de politiek gebruikt ten opzichte van hoge ambtenaren als Van Wijnbergen, Brinkman, Steenhuis en Docters van Leeuwen, die dienen te begrijpen dat het politiek niveau het gezag uitoefent in Nederland en dat zulks niet dient te geschieden door ambtenaren, hoe hoog zij zich ook in de ambtelijke organisatie bevinden.

Als de politiek het primaat wil hebben in alle verschillende gedaanten zoals hierboven vermeld, dan geldt naar ik zou menen: noblesse oblige. Als het bevoegde gezag van de regiopolitie in Rotterdam de pas aangestelde korpschef wil ontslaan, dan heeft hij daartoe uiteraard de bevoegdheid, maar hij dient dan wel de regels van het recht en de regels van het spel in acht te nemen. Uiteraard geldt hetzelfde voor korpschef Brinkman. Maar de feitelijke omstandigheden zoals die hierboven in de zaak Brinkman zijn geschetst, laten toch wel een heel wrange smaak na in die zin, dat met tal van machtsmiddelen gepoogd is om Brinkman aan de kant te krijgen. Dieptepunt daarvan was wel om hem een rapport in handen te duwen dat zou worden besproken op een belangrijke vergadering, doch hem slechts korte tijd de gelegenheid te geven het rapport te lezen. Als hij dan vervolgens kritiek uit op dat rapport in de betreffende vergadering, wordt hem dat kwalijk genomen en ontstaat er een vertrouwensbreuk. Dat valt moeilijk nog te rijmen met bestuurlijke beginselen als zorgvuldigheid en fair play, en is door de rechter dan ook afgestraft.

Een vergelijkbare actie hebben we gezien bij het ontslag van Docters van Leeuwen. Ook daar was, op enig moment in de strijd, sprake van een rapport dat pas op het allerlaatste moment aan Steenhuis en Docters van Leeuwen ter beschikking werd gesteld om het van commentaar te voorzien. Toen Steenhuis en Docters van Leeuwen tegen deze handelwijze bezwaar maakten, vonden zij geen oor bij de verantwoordelijke bewindspersoon, minister Sorgdrager. Ook hier moesten de beginselen van fair play en zorgvuldigheid het afleggen tegen het primaat van de politiek.

Uit voorbeelden die in dit hoofdstuk gegeven zijn over de aanvaringen die politici hebben gehad met de Ondernemingskamer over het adviesrecht van de ondernemingsraad, blijkt ook hoezeer de openbaar bestuurders moeite hebben met het volgen van het primaat van het recht. Als de Ondernemingskamer in 1997 en in 1998 en begin 1999 niets aan duidelijkheid te wensen overlatende uitspraken heeft gedaan over het adviesrecht van de ondernemingsraad, is het niet meer te volgen dat staatssecretaris Van der Ploeg al deze uitspraken negeert en wederom in de fout gaat door de ondernemingsraad van de Dienst Omroepbijdragen geen advies te vragen over een zo belangrijk besluit als de opheffing van de dienst. Het wil er kennelijk maar niet in dat het advies van de ondernemingsraad het primaat van de politiek op geen enkele wijze aantast. Net zo min wil het er kennelijk bij de politici in dat een uitspraak van de Ondernemingskamer het primaat van de politiek onverlet laat. Wat er bij de politici en openbaar bestuurders wel in zou moeten, is dat het primaat van de politiek onderhevig is aan het primaat van het recht, aan de 'Rule of Law'. Als de overheid aan haar eigen personeel de inspraakbevoegdheden toekent die het al 20 jaar geleden aan het bedrijfsleven heeft opgelegd, dan dient die overheid zich daar ook aan te houden.

De in dit hoofdstuk gegeven voorbeelden laten alle zien dat het belang van het recht, het belang van een zorgvuldig ermee omgaan en de betekenis van de 'Rule of Law' zich helaas onvoldoende heeft vastgezet in de hoofden van toonaangevende politici en openbaar bestuurders. Er is sprake van een patroon van onwil.

3

Door de vingers zien

Onder deze titel sprak P.J.J. van Buuren in 1988 zijn oratie uit ter aanvaarding van het hoogleraarschap in het bestuursrecht aan de Rijksuniversiteit Utrecht. Hij wees erop dat het in onze samenleving betrekkelijk normaal gevonden wordt dat wettelijke voorschriften waarmee de overheid probeert ons gedrag te ordenen massaal worden overtreden, terwijl de overheid dan niet optreedt. De overheid 'gedoogt', zij ziet willens en wetens af van handhaving. Gedoogbeleid bestaat ten aanzien van vreemdelingen, de prostitutiewereld, de handel in softdrugs, de drank- en horecawereld, bouwsubsidies, overtreding van bestemmingsplannen en milieudelicten. Iedereen kent uit zijn eigen omgeving vermoedelijk tal van voorbeelden waarbij gedogend besturen de norm is. Ik noem een paar voorbeelden, ontleend aan de oratie van Van Buuren.

In het plaatsje Ridderkerk houdt een mevrouw ongeveer 70 katten in haar huis, en verwaarloost deze op schromelijke wijze. Het huis is bezaaid met uitwerpselen, de katten doen hun behoefte overal, zelfs tegen de ramen. De bazin van de katten is soms de hele dag weg en dan vechten en krijsen de katten van de honger. Het huis zit onder de maden en ander ongedierte. Door de stank en door de enorme herrie van de vechtende of krijsende katten zijn de buren ten einde raad, en moeten sommigen zich zelfs onder doktersbehandeling stellen. Verkoop van de huizen is niet mogelijk vanwege de enorme troep. Burgemeester en wethouders van Ridderkerk hebben de bevoegdheid om op te treden, maar willen van die bevoegdheid geen gebruik maken vanwege onder meer de niet geringe kosten die verwijdering van een groot aantal katten met zich meebrengt. B&W stellen dat de getroffen buren van de kattenvrouw maar een procedure voor de burgerlijke rechter moeten starten. De buren kozen voor de administratiefrechtelijke weg en vonden een rechter die oordeelde dat B&W in redelijkheid niet konden weigeren om door middel van dwang aan de bestaande noodsituatie een einde te maken. Niks gedogen dus, optreden.

Een tweede voorbeeld. In een natuurgebied langs de kust van het IJsselmeer (de Diemerzeedijk en de Diemer Buitendijksepolder) wordt volstrekt in strijd met het bestemmingsplan op grote schaal puin en afval gestort. De gemeente Amsterdam gedoogt deze situatie. De gemeente stelt zich op het standpunt dat het bestemmingsplan maar moet worden aangepast omdat het gebied als vuilstortplaats nodig is. De rechter oordeelt dat de gemeente onvoldoende aannemelijk heeft gemaakt dat het niet te onderschatten belang bij een regelmatige afvoer van puin niet op enigerlei andere wijze kan worden gediend dan door opoffering van het natuurgebied. We zien hier, ontleend aan Van Buuren, twee voorbeelden van gevallen waarbij burgers succesvol de overheid tot optreden konden dwingen, hoewel die overheid onwettige situaties wenste te gedogen. Niet moet hiermee de gedachte postvatten dat het voor de burgers eenvoudig is om een gedogende overheid aan het werk te krijgen. Voor de burgers bestaat hier een moeilijk te begrijpen situatie. De overheid stelt regels in de vorm van een gemeentelijke verordening of in de vorm van een bestemmingsplan, maar is vervolgens niet bereid om de door haarzelf gestelde regels te handhaven. Als het vertrouwen van de burgers in de overheid ergens een deuk oploopt, dan is het wel hier. Burgers worden voortdurend aangespoord om zich aan de wet en de regels te houden. Of het nu gaat om het betalen van belasting of om het nakomen van verkeersregels, om de leerplicht van schoolgaande kinderen en het verbod op spijbelen, of het nu gaat om verboden wapenbezit of het drijven van een winkel zonder vergunning. Regels stellen betekent regels handhaven en als de overheid tot dat laatste niet in staat of bereid is, is er een vertrouwens- en geloofwaardigheidsprobleem.

Natuurlijk zal het voor de overheid in de praktijk onmogelijk zijn om alle gestelde regels te handhaven. Er moet bij het handhaven uiteraard ook een belang spelen dat tot handhaving noopt. Niettemin is thans tussen het stellen van regels en de handhaving daarvan een wel erg groot grijs gebied ontstaan van het gedogen van overtredingen van gestelde regels. Dat gaat dikwijls ook gepaard met heuse gedoogbeslissingen.

Mensen die in strijd met de bouwvoorschriften dan wel in strijd met de schoonheidsvoorschriften een dakkapel op hun huis plaatsen, zullen niet altijd een gemeente op hun weg treffen die eist dat het bouwsel onmiddellijk op kosten van de bouwer wordt afgebroken. In een aantal gevallen zullen dergelijke bouwsels worden gedoogd. Soms uitdrukkelijk met een daartoe strekkend geschrift, soms stilzwijgend omdat er nu eenmaal gedurende een bepaalde periode niet wordt opgetreden. Maar een overheid die zichzelf serieus neemt, kan niet met de ene hand regels stellen ter bevordering van de ordening in de samenleving en met de andere hand de vingers spreiden om daar door-

heen te zien. Dan zal toch op enig moment de keuze gemaakt moeten worden om de regel af te schaffen dan wel
toch te gaan handhaven. In het navolgende aandacht voor
de gedoogpraktijk van de overheid ten aanzien van enkele
omstreden, maar maatschappelijk belangrijke, onderwerpen: drugs en het milieu.

DE 'WAR ON DRUGS' EN DEALS MET CRIMINELEN

De niet aflatende strijd van justitie tegen de handel en
handelaren in verdovende middelen laat diepe gevechts-
sporen na in het strafrecht, het strafprocesrecht, het ge-
vangeniswezen en de wijze waarop de overheid zelf met
het recht omgaat. Voor een tweetal kwesties wil ik in dit
verband de aandacht vragen. In de eerste plaats is er, zoals
al sinds lang bekend, de situatie van het gedogen van het
gebruik van softdrugs als marihuana en hasjiesj. In de
tweede plaats is er de harde aanpak van handel en handelaren in harddrugs als heroïne, cocaïne en andere versla-
vende genotmiddelen. Nederland is, behalve om tulpen en
klompen, in de hele wereld bekend om nog een aantal
redenen. In de eerste plaats is dat vanwege het economische poldermodel, waarbij de vakbonden vrijwillig aan
loonmatiging doen omdat het goed is voor de werkgelegenheid terwijl de werkgevers op hun beurt in overleg met
die vakbonden bereid zijn gebleken arbeidsduurverkor-
ting door te voeren. Het Hollandse werkgelegenheids-
wonder is tot ver over de grenzen besproken, becongres-
seerd en beschreven. Naast dit poldermodel is Nederland
bekend in het buitenland vanwege zijn liberale opvat-
tingen over euthanasie en abortus en ten slotte is de
Nederlandse samenleving wereldberoemd vanwege zijn

tolerante houding ten opzichte van het gebruik van zachte drugs als hasjiesj en marihuana.

Toen het gebruik van deze middelen in de jaren zeventig een bijzonder hoge vlucht nam is in de Opiumwet een onderscheid gemaakt tussen softdrugs en harddrugs. Die tweedeling heeft tot gevolg dat het voor *eigen gebruik* in bezit hebben van vijf gram hasjiesj of marihuana niet wordt vervolgd, en wordt gedoogd. Dat zien we door de vingers. Daar staat natuurlijk tegenover dat het in bezit hebben van een kleine hoeveelheid hasjiesj of marihuana alleen kan geschieden als je het ergens kunt bekomen. Daartoe is er een net van eufemistisch geheten 'coffeeshops' ontstaan, waar men behalve koffie vooral ook softdrugs kan kopen. Die coffeeshops zelf hebben om te voldoen aan de vraag van hun clientèle veel meer hasjiesj en marihuana in hun bezit (een maximale handelsvoorraad van 500 gram is toegestaan) dan voor individuele gebruikers wordt gedoogd. Dat betekent dus dat deze hoeveelheden softdrugs via de bekende achterdeur naar binnen worden gesluisd om dan vervolgens gedoogd en wel via de voordeur weer naar buiten te gaan.

Nieuwkomers in dit gedoogcircus verbazen zich over deze achterdeurpolitiek. Burgemeester Johan Stekelenburg van Tilburg heeft binnen korte tijd na zijn aantreden aldaar laten weten de achterdeurpolitiek te willen wijzigen. Het komt hem buitengewoon vreemd voor dat je wel toestaat dat burgers verdovende middelen als hasjiesj en marihuana gebruiken, maar dat je niet toestaat dat er plaatsen zijn waar ze deze genotmiddelen legaal kunnen kopen. Stekelenburg heeft moeten ondervinden dat het economische poldermodel hier niet werkt. Justitie houdt vast aan het uitgestippelde gedoogbeleid en staat niet toe dat er vrachtwagens met hasjiesj en marihuana aan de voordeur van de coffeeshops verschijnen om daar legaal de nog steeds verboden verdovende middelen uit te laden. Wc blijven dus in Nederland met de toch wat moeilijk uit te leggen situatie zitten dat het gebruik van hasjiesj en marihuana wordt gedoogd, maar dat de handel erin verboden is en wordt vervolgd.

Op 30 januari 1998 werd bijvoorbeeld de bekende hasjhandelaar Johan V., ook wel de Hakkelaar genoemd, door het gerechtshof van Amsterdam veroordeeld tot een gevangenisstraf van vijf jaar en zes maanden en een geldboete van een miljoen gulden. Zijn compagnon Koos R. werd veroordeeld tot een gevangenisstraf van drie jaar en zes maanden. Bewezen was verklaard dat Johan V. en Koos R. leiding hadden gegeven aan een criminele organisatie die zich bezighield met het grootschalig handelen in hasjiesj. Het Hof verklaarde bewezen dat zij verantwoordelijk waren voor drie transporten per schip van in totaal ongeveer 190.000 kilogram hasjiesj vanuit Pakistan naar Nederland, Canada en de Azoren.

Aan de ene kant zie je dus in onze samenleving dat dergelijke verdachten tot stevige gevangenisstraffen en geldboetes worden veroordeeld, terwijl aan de andere kant in Amsterdam en andere grote steden coffeeshops worden geopend met lichtbakken buiten de deur waarop de bladeren van een wietplant prijken ter aanduiding van het gegeven dat je daar naast koffie ook andere dingen kunt krijgen.

Over deze gedoogcultuur van softdrugs in Nederland is in de afgelopen 25 jaar diep, heftig en veel gediscussieerd. Zelfs druk vanuit het buitenland, bijvoorbeeld Frankrijk, om de tolerante houding ten opzichte van ook deze drugs te veranderen heeft niet tot veel veranderingen geleid. Vanuit juridische kring is er door velen voor gepleit om de

strafbaarheid van het gebruik van en de handel in softdrugs af te schaffen, omdat de strijd tegen deze vorm van
drugshandel en dit drugsgebruik bij voorbaat verloren is.
Het hele strafrechtssysteem staat onder druk vanwege het
gevoerde beleid, en er zijn betere doelen om dat systeem
voor in werking te zetten. Het gebruik van hasjiesj en marihuana is op zichzelf niet schadelijker dan het gebruik
van alcohol, wat tenslotte ook niet verboden is. De enorme maatschappelijke kosten die de bestrijding van het gebruik van hasjiesj en marihuana met zich meebrengt,
staan in geen verhouding tot de geringe schade die een
dergelijk gebruik voor de liefhebbers ervan oplevert. Anderzijds wordt betoogd dat gebruik van softdrugs wel
schadelijk is en leidt tot gebruik van harddrugs. Veel argumenten over en weer zijn in parlement, kranten, tijdschriften en wetenschappelijke literatuur gewisseld, maar het
beleid is niet veranderd. Gedogen blijft het devies, je hebt
een wet maar je handhaaft hem niet. Je wilt hem ook niet
afschaffen want dan krijg je ruzie met buren als Frankrijk,
Duitsland en het Verenigd Koninkrijk. Dat de burger on-
dertussen met een probleem blijft zitten over de vraag hoe
hij nou eigenlijk tegen het recht en het gebruik ervan door
de overheid moet aankijken, wordt door diezelfde overheid doorgaans als minder relevant ervaren. Het probleem van het gebruik van softdrugs is in de ogen van de
overheid elegant opgelost met de gedoogcultuur, en er zijn
nog zoveel andere problemen in de maatschappij waarover we ons moeten bekreunen.

Naast de handel in softdrugs is er ook een stevige handel
in harddrugs als heroïne en cocaïne. Is het gebruik van
heroïne in Nederland uit de mode geraakt, en worden
heroïnejunkies als ouderwetse 'losers' beschouwd, met
cocaïne is het in cultureel opzicht heel anders gesteld. Dat

is een populaire drug die veel afnemers trekt. Voor wat betreft het gebruik van heroïne door een groep bij de politie bekende, en niet meer te redden, verslaafden wordt veel door de vingers gezien. Om deze junks heeft zich een net van hulpverleners geschaard die erop toezien dat er een zeker gecontroleerd gebruik plaatsvindt en/of dat aan deze mensen methadon wordt verstrekt. Maar de handel in heroïne en cocaïne en het gebruik van dat laatste wordt met hand en tand door justitie bestreden. Op dit punt zoekt justitie de grenzen van het recht.

Om drugshandelaren te kunnen pakken en drugssyndicaten te ontmantelen, zijn de bestaande middelen van het strafrecht in de ogen van justitie niet toereikend.

Voor wat betreft de door politie en justitie gehanteerde opsporingsmethoden, zoals infiltratie, inkijkoperaties e.d., heeft de parlementaire enquêtecommissie onder voorzitterschap van Maarten van Traa hier het nodige licht doen schijnen. Ook de na de commissie Van Traa ingerichte parlementaire commissie Kalsbeek heeft weer de krantenkolommen gehaald en vele burgers in het land versteld en verstomd doen staan. Dat de overheid zélf, volgens de commissie Kalsbeek, verantwoordelijk is voor de handel in 15.000 ton cocaïne met een straatwaarde van ruim een miljard gulden blijft toch een moeilijk te begrijpen zaak. Iedere keer opnieuw zien we weer dat politie en justitie de grenzen van het recht opzoeken. Het is zeer de vraag of dat nu een overheidstaak is: het verkennen van de grenzen van de door diezelfde overheid gestelde regels. Uit de verslagen van de parlementaire enquêtecommissie Van Traa is gebleken dat bij het opzoeken van grenzen dikwijls ook grenzen worden overschreden. Door de overheid wordt handel gedreven in verdovende middelen, en worden 'deals' met criminelen gesloten waarin hun strafver-

mindering wordt beloofd in ruil voor belastende verklaringen over andere verdachten. Hoe zit het nu met die
deals met criminelen?

Iedere burger is verplicht om op verzoek van justitie te
komen getuigen over strafbare feiten die hij of zij heeft
waargenomen dan wel waar hij of zij kennis van heeft.
Maar niet iedereen voldoet 'con amore' aan deze plicht.
Sommige getuigen moeten worden 'gelokt'. Twee situaties
zijn te onderscheiden. In de eerste plaats is het denkbaar
dat een getuige, die zelf medeverdachte is van een drugs-
delict, bereid gevonden wordt om tegen een of meer van
zijn 'collega's' een belastende verklaring af te leggen. In
die situatie is deze getuige zelf nog niet veroordeeld, en
wordt hij uitgenodigd om met de officier van justitie een
overeenkomst te sluiten waarin hem een lagere strafeis in
het vooruitzicht wordt gesteld. Daar staat tegenover het
afleggen van zijn voor justitie in verband met het bewijs
van belang zijnde verklaring.

De tweede situatie betreft die waarin een delinquent
reeds veroordeeld is tot een bepaalde gevangenisstraf en
die ook uitzit, maar op vermindering van de straf kan re-
kenen (door middel van gratie) als hij meewerkt aan het
geven van een belastende verklaring ten opzichte van een
verdachte tegen wie justitie met de gewone middelen het
bewijs niet rond krijgt.

Over het maken van dergelijke afspraken met verdachten en/of veroordeelden bestaan richtlijnen die zijn opgesteld door het College van Procureurs-Generaal. Die
richtlijnen dateren uit de jaren tachtig en zijn in 1997 nog
eens herzien (*Staatscourant* 1997, 61). De parlementaire
enquêtecommissie Van Traa was van oordeel dat met deze
richtlijnen omtrent het sluiten van deals met criminelen
niet kon worden volstaan, maar dat er een wettelijke basis

moet worden geschapen op grond waarvan deze activiteiten in uitzonderlijke gevallen en omgeven met waarborgen voor de verdachten zouden kunnen plaatsvinden. Hoe gaat zoiets nu in de praktijk? Laten we eens een paar voorbeelden bekijken.

In de eerste plaats nemen we het geval van de veroordeelde B.R. Hij is door de rechtbank te Haarlem op 28 mei 1998 veroordeeld tot een gevangenisstraf van acht jaar voor zijn aandeel bij de invoer van 550 kilo cocaïne. Een en ander is geschied in georganiseerd verband. In een lopende strafzaak tegen andere cocaïnehandelaren is het bewijs nog niet rond en de veroordeelde B.R. blijkt bereid te zijn om met de officier van justitie die de andere zaak behandelt een deal te sluiten. Hij verplicht zich tot het afleggen van getuigenverklaringen over verdachten in die andere zaak. Meer precies: B.R. verplicht zich in de overeenkomst tot het afleggen van verklaringen die betrekking hebben op de handel in verdovende middelen, waaronder cocaïne, van acht andere verdachten en ook tot het afleggen van verklaringen over eventuele betrokkenheid van ambtenaren bij de invoer van verdovende middelen. De getuige B.R. zal zijn verklaringen zonder voorbehoud, volledig en naar waarheid afleggen. Tegenover deze verklaring van de veroordeelde B.R. staat uiteraard een tegenprestatie van justitie. De overeenkomst houdt in dat bij onverkorte nakoming van het overeengekomene met betrekking tot de verklaring, de hoofdofficier zal bevorderen dat het Openbaar Ministerie een positief advies uitbrengt ten aanzien van een door B.R. in te dienen gratieverzoek met betrekking tot de door de rechtbank Haarlem opgelegde gevangenisstraf van acht jaar. Door het Openbaar Ministerie zal worden geadviseerd dat *eenderde* van de straf door middel van gratie zal worden *kwijtgescholden*. Anders gezegd, de veroordeelde B.R. kan dus door het afleggen van zijn verklaring ongeveer 2,5 jaar gevangenisstraf vrijkopen. Vervolgens houdt de overeenkomst in dat het Openbaar Ministerie en de veroordeelde B.R. een schikking treffen over een geldbedrag ter ontneming van het door B.R. genoten voordeel van zijn cocaïnehandel. In dit voorbeeld is overeengekomen dat B.R. een geldbedrag van 200.000 gulden zal betalen. Aangezien hij is veroordeeld voor de handel in 550 kilo cocaïne, waarvan de straatwaarde miljoenen guldens bedraagt, is dit door B.R. te betalen bedrag uiteraard aan de lage kant. Zo zien we dus dat in deze overeenkomst over en weer voordelen te behalen zijn. De officier van justitie krijgt een verklaring die als bewijsmiddel kan dienen in een zaak die hij anders niet rond krijgt voor de rechter. De veroordeelde B.R. krijgt een strafvermindering van 2,5 jaar en sluit ook een deal over het bedrag dat hij nog aan justitie moet betalen ter ontneming van wederrechtelijk voordeel, welk bedrag gunstig is voor B.R.

Het tweede voorbeeld in deze sfeer is ontleend aan de zaak tegen Koos R., de rechterhand van de Hakkelaar. Het Hof in Amsterdam heeft op 30 januari 1998 Koos R. veroordeeld tot drie jaar en zes maanden gevangenisstraf wegens deelneming in een criminele organisatie en de handel in hasjiesj in hoeveelheden variërend van 15.000 tot 118.000 kilogram. Het Hof is tot de veroordeling van Koos R. gekomen met gebruikmaking van verklaringen van de getuigen Karman en Abbas. Met Karman en Abbas, die werden verdacht van betrokkenheid bij dezelfde feiten als die waar Koos R. van werd verdacht, heeft het Openbaar Ministerie overeenkomsten gesloten. Die overeenkomsten komen erop neer dat aan Karman en Abbas door het Openbaar Ministerie toezeggingen zijn gedaan over de vervolging van feiten waarvan zij werden verdacht, als zij naar waarheid verklaringen zouden afleggen omtrent hun betrokkenheid en die van anderen bij de aan Koos R. telastegelegde feiten. Aan Karman en Abbas zijn dus toezeggingen gedaan dat in hun zaak een lagere straf zou worden geëist dan gebruikelijk, in ruil voor verklaringen.

Het maken van dit soort deals is omstreden. De overheid blijkt hier bereid te zijn om afspraken te maken met degenen die zij te vuur en te zwaard zegt te willen bestrijden. Wie met pek omgaat wordt ermee besmeurd. In hoeverre heiligt het doel de middelen? Terwijl het via strafrechtelijke middelen bestrijden van de drugshandel vermoedelijk nimmer zal leiden tot uitbanning van deze handel, is de overheid bereid om ter bereiking van dit onbereikbare doel aan sommige drugshandelaren minder straf te geven dan aan anderen. Tal van vragen zijn vanuit de rechterlijke macht, de advocatuur (Spong, 1997) en wetenschappelijke juridische hoek over dit fenomeen van deals met criminelen gesteld. Hoe staat het bijvoorbeeld met de betrouwbaarheid van de op deze wijze gekochte verklaringen? Nu de verklarende getuige zelf zoveel belang heeft bij een verklaring, zijn uiteraard vraagtekens te plaatsen bij het waarheidsgehalte ervan. Die vraagtekens zijn altijd te zetten bij het afleggen van getuigenverklaringen, maar worden hier wel in het bijzonder gecompliceerd door de speciale omstandigheden waaronder de verklaring tot stand komt. Verder is het zo dat in ons strafproces een verdachte van een strafbaar feit recht heeft op een eerlijk proces. Dat is een voorschrift dat is neergelegd in het Europees Verdrag van de Rechten van de Mens. Kun je nu nog spreken van een eerlijk proces als één van de twee partijen, de overheid, een getuige naar voren brengt die zoveel belang heeft bij het afleggen van een belastende verklaring dat reële vragen van de verdediging van de verdachte die door deze verklaring moet worden veroordeeld terzijde zullen worden geschoven? Als we het zeggen in de bewoordingen van prof. mr. Ties Prakken, advocaat in strafzaken en hoogleraar strafrecht te Maastricht, klinkt het zo: "Het juridische bezwaar tegen de kroongetuige zit er vooral in dat de getuige belang heeft bij het afleggen van een belastende verklaring en dat hij over de betrouwbaarheid van die verklaring meer verantwoording schuldig is aan de officier van justitie met wie hij zijn contract sloot, dan aan de rechter. Dat contract werd uiteraard gesloten met het oog op een belastende verklaring, niet een verklaring die ook ten gunste van de verdachte strekt. De verdediging heeft dan al gauw het nakijken wanneer het erom gaat de getuige kritisch te kunnen ondervragen met enige kans op succes. En de rechter wordt naar het tweede plan geschoven voor wat betreft de beoordeling van het betrouwbaarheidsgehalte van de getuigenverklaring, als de getuige er vooral op bedacht is het Openbaar Ministerie ter wille te zijn" (NJB 1996, p. 1621). Verder valt er nog op te wijzen dat in de afspraken zoals bijvoorbeeld gemaakt met Abbas en Karman, deze mensen afstand hebben gedaan van hun zwijgrecht als verdachte en hun verschoningsrecht als getuige. Immers, zelf verdachte zijnde van strafbare feiten hoef je niet mee te werken aan verklaringen omtrent je eigen veroordeling. Voor het sluiten van de overeenkomst moesten Karman en Abbas afstand doen van hun zwijgrecht en verschoningsrecht. Op deze wijze is niet voldaan aan het vereiste dat een getuige in een strafzaak een verklaring in vrijheid moet kunnen afleggen, hetgeen bij een dergelijke 'gekochte' verklaring niet het geval is.

Er zijn dus vanuit rechtsstatelijk oogpunt nogal wat bezwaren in te brengen tegen de praktijk van het sluiten van deals met criminelen. Om tegemoet te komen aan de kritiek van de commissie Van Traa dat een dergelijke handelwijze niet zou moeten kunnen zonder een wettelijke grondslag, is door minister Korthals van Justitie op 17 november 1998 een wetsvoorstel ingediend bij de Tweede Kamer waarin aan de deals met criminelen de gevraagde wetteljke grondslag wordt gegeven. Volgens dit wetsvoorstel kan de regeling alleen worden toegepast bij zeer ernstig strafbare feiten, namelijk bij die waarop een straf van acht jaar of meer staat. Het gaat hier dus om de zogeheten zware criminaliteit. De toezeggingen van het Openbaar Ministerie bij het aangaan van de deals kunnen volgens het wetsvoorstel uitsluitend bestaan in het bevorderen van strafvermindering in zaken waarin het opleggen van een hoofdstraf aan de orde is. Het komt erop neer dat de officier van justitie in de zaak tegen de verklarende getuige een lagere straf zal eisen dan gebruikelijk is voor strafbare feiten waarvoor hij wordt vervolgd. De grondslag voor die lagere eis is gelegen in het leveren van een belangrijke bijdrage in een zaak tegen een andere verdachte. Het zou in de ogen van de minister niet mogen gaan om totale strafrechtelijke immuniteit. Anders gezegd: het je met een verklaring geheel vrijkopen van strafrechtelijke vervolging. De op deze wijze wettelijk geregelde deals met criminelen staan onder toezicht van de rechter-commissaris in strafzaken en kunnen ook worden getoetst door de rechtbank die de zaak waarover het gaat moet behandelen. De gesloten overeenkomst moet in alle openheid in het dossier zitten, zodat ook de advocaten van de verdachte waartegen de verklaring wordt afgelegd de gelegenheid hebben om er kennis van te nemen en aan de verklarende getuige vragen te stellen. Voor wat betreft het maken van afspraken met mensen die al veroordeeld zijn en een straf uitzitten is de regeling deze, dat het Openbaar Ministerie aan degene die bereid is een getuigenverklaring af te leggen kan toezeggen dat er bij het indienen van een gratieverzoek een positief advies zal worden gegeven.

Gezien de praktijk van de afgelopen jaren verwacht de minister niet dat er veel gebruik gemaakt zal worden van de mogelijkheid om deals met criminelen te sluiten. Uit een inventarisatie van het College van Procureurs-Generaal is gebleken dat in de jaren 1997 en 1998 zeker 50 aanvragen voor een afspraak zijn aangemeld, waarvan een groot aantal niet aan de gestelde criteria voldeed. De minister gaat ervan uit dat op grond van deze ervaring en op grond van de restricties die zijn voorgeschreven bij het maken van deals met criminelen slechts bij uitzondering van de mogelijkheid zal worden gebruikgemaakt.

Nu er nog geen wet is die het maken van deals met criminelen toestaat, kan de vraag gesteld worden of het wel tot de bruikbare mogelijkheden van justitie behoort.

Het antwoord op die vraag is gegeven door de Hoge Raad in een arrest van 19 april 1999 in de zaak van de Hakkelaar én in de zaak van de hierboven al vermelde Koos R. Volgens de Hoge Raad zijn overeenkomsten met criminelen, hoewel er geen wettelijke regeling is, niet onder alle omstandigheden ongeoorloofd. Zolang een wettelijke regeling ontbreekt, zegt de Hoge Raad, zal de rechter de concrete omstandigheden van het geval moeten toetsen aan de aan een verdachte toekomende fundamentele rechten en aan de beginselen van een behoorlijke procesorde. De Hoge Raad erkent dat onder omstandigheden de betrouwbaarheid van verklaringen, afgelegd door een getuige met wie een deal is gesloten, nadelig kan worden beïnvloed door wat die getuige in zijn eigen belang acht. Absolute voorwaarde in de ogen van de Hoge Raad voor het mogen gebruikmaken van een dergelijke verklaring om te komen tot een veroordeling is dan ook dat de advocaat van de verdachte tijdens het proces in de gelegenheid is om aan de getuige, die een 'gekochte' verklaring aflegt, vragen te stellen. Eveneens is een eis, aldus de Hoge Raad, dat de rechter die gebruikmaakt van deze verklaring om te komen tot een veroordeling, in zijn motivering van het vonnis aangeeft de betrouwbaarheid van deze getuigenverklaring te hebben onderzocht. Ook acht de Hoge Raad het van groot belang dat door het Openbaar Ministerie volstrekte openheid wordt betracht over de inhoud en de wijze van totstandkoming van de overeenkomsten.

Je kunt je afvragen waarom de overheid bereid is om de rechtsstaat op een hellend vlak te plaatsen, als diezelfde overheid de voorwaarden waaronder deals met criminelen gesloten kunnen worden restrictief wenst te zien en ook nog aangeeft te denken dat het in de praktijk heel weinig zal voorkomen. Welk doel wordt hier nu eigenlijk precies gediend met het sluiten van overeenkomsten met verdachten en/of veroordeelden?

De resultaten van dit soort deals zijn immers niet meer dan een druppel op een gloeiende plaat. Bestrijden van georganiseerde drugscriminaliteit met gekochte getuigenverklaringen zal naar alle waarschijnlijkheid niet leiden tot substantiële vermindering van de illegale drugshandel. Waarom dan toch zoveel spanning gezet op rechtsstatelijke beginselen? Waarom zoekt de overheid toch iedere keer weer de grenzen op van het door haarzelf gestelde recht? Wat is het nut van het gedeeltelijk door de vingers zien van zware criminaliteit als daarmee alleen maar een heel klein gedeelte van andere zware criminaliteit kan worden bestreden? Welk verlies lijdt de overheid in maatschappelijk opzicht door afspraken te maken met mensen die in haar eigen ogen als zware criminelen gelden? Het afbreukrisico van het vertrouwen in de overheid wordt hier wel groot gemaakt.

Het niet of niet helemaal handhaven van door de overheid gestelde regels door diezelfde overheid komt op tal
van terreinen voor. Hierboven gaf ik daar een aantal voorbeelden van, onder meer in de wereld van de drugs en
deals met criminelen. Maar ook in een ander 'heet' maatschappelijk issue is de gedogende rol van de overheid ter
discussie gesteld. Ik doel hier op de situatie rond de luchthaven Schiphol en de lawaaiproductie die met het bestaan
van die enorme luchthaven gepaard gaat. In de vele verhitte debatten die in de afgelopen jaren in en buiten het
parlement zijn gevoerd over de (on-)aanvaardbaarheid
van de lawaaiproductie van Schiphol valt in ieder geval op
dat er veel gegoocheld wordt met allerlei technische gegevens. Je moet welhaast een geluidsingenieur zijn om het
allemaal nog te kunnen begrijpen.

Toch zijn de kerngegevens van het probleem rond
Schiphol niet zo heel ingewikkeld. Sinds 1990 is het aantal
passagiers gestegen van 16,2 miljoen naar 31 miljoen in
1997. De vracht groeide in die periode met gemiddeld 10
procent per jaar. Het aantal vliegbewegingen groeide van
202.000 bewegingen in 1990 naar 349.000 in 1997 (Rapport
Algemene Rekenkamer, Groeicijfers Schiphol, 27 oktober
1998). In de Planologische Kernbeslissing (PKB) Schiphol
e.o. van 1995 heeft het toenmalige kabinet gekozen voor
een versterking van de 'mainport'-functie van de luchthaven Schiphol én voor verbetering van de kwaliteit van het
leefmilieu in de omgeving van de luchthaven. Dit wordt
wel het zogenaamde dubbelbesluit genoemd. Bij het
nemen van dit besluit is het kabinet uitgegaan van cijfers,
of heeft althans cijfers gepubliceerd, die niet de werkelijke
jaarlijkse groei van het aantal vliegbewegingen weergaven,
maar een lagere gemiddelde groei. De werkelijke jaarlijkse

groei van het aantal vliegbewegingen in de jaren 1990 tot 1994 was 7,9 procent, maar het kabinet publiceerde de gemiddelde groei in de jaren 1980 tot 1994, welke uitkomt op 4,7 procent. Op grond van de PKB kreeg Schiphol de ruimte om te groeien tot 44 miljoen passagiers in het jaar 2015, onder de voorwaarde dat vanaf het jaar 2003 (aanleg vijfde baan) maximaal 10.000 woningen ernstige geluidshinder ondervinden. Berekeningen van de Rekenkamer leidden ertoe dat de realisering van deze PKB onwaarschijnlijk lijkt zonder, zoals de Rekenkamer het noemt, trendbreuk. Niettemin is het beleid van Paars I en II gebaseerd op de PKB en de daarin aangegeven geluidsnormering. Die geluidsnormering houdt het volgende in.

Rond de luchthaven Schiphol worden geluidszones vastgesteld. De geluidszones zijn ingedeeld op basis van kosteneenheid (Ke) en op basis van het binnen de slaapkamer optredende equivalente geluidsniveau (LAeq). Bij de Ke-geluidszone betreft het de geluidsbelasting in het gehele etmaal, bij de LAeq-geluidszone gaat het om de geluidsbelasting ten gevolge van vluchten in de periode tussen 23.00 en 06.00 uur. De zonegrens wordt bepaald door de vastgestelde grenswaarde. Voor de Ke-zones is dit 35 Ke, voor de LAeq-nachtzones is het 26 decibel (A). Deze normstellingen leiden voor het huidige vierbanenstelsel tot twee zones, te weten de 35 Ke-zone, waarbinnen op basis van het woningbestand van 31 december 1990 15.000 woningen liggen, en de nachtzone, de LAeq 25 Db (A) zone. De in de PKB Schiphol aangegeven zones zijn indicatief, de definitieve zones worden vastgesteld in de aanwijzingen op basis van de Luchtvaartwet, waarbij geringe afwijking van de indicatieve zones mogelijk is.

In de afgelopen tijd is er een aantal gevechten gevoerd over de handhaving van de door het kabinet vastgestelde geluidszones. De laatste schermutseling betrof een kort geding voor de president van de rechtbank in Amsterdam, die op 30 november 1998 besliste. Het geding was aangespannen door de Vereniging Milieudefensie, de Stichting Natuur en Milieu, de Milieufederatie Noord-Holland en de Stichting Platform Leefmilieu Regio Schiphol. Al deze milieuorganisaties richtten zich tegen een besluit van de minister van Verkeer en Waterstaat, waarbij zij het gebruiksplan van Schiphol had goedgekeurd dat overschrijding van de vastgestelde zones inhield. De minister stelde in een brief aan de luchthaven Schiphol voornemens te zijn een overschrijding van de geluidszone in 1998 te gedogen door middel van een gedoogbesluit, te nemen op het tijdstip waarop de overschrijdingen zich zullen voordoen. De irritatie van de milieuverenigingen was onder meer opgewekt omdat in 1997 eveneens een gedoogbesluit was genomen, waaraan door de politiek was toegevoegd dat het eens en nooit meer was. In het kort geding stelde Schiphol en de minister van Verkeer en Waterstaat dat het door de milieubeweging gewenste handhaven van de geluidsnormen zou leiden tot méér geluidsoverlast dan het gedogen van overschrijding ervan. Na advies gevraagd te hebben aan deskundigen, liet de president van de rechtbank zich overtuigen van de juistheid van deze paradoxale stelling. De kritiek van de milieuverenigingen op de cijfermatige uitgangspunten die door de deskundigen waren gehanteerd, werd door de president weggewuifd.

Alles draait bij de Scholkwestie om cijfers, getallen en gegevens, en keer op keer blijkt dat de interpretatie van al die gegevens afhangt van de beleidsmatige bril die men opzet. In de ogen van het kabinet verkeert Schiphol in een overgangssituatie, nu is voorzien in de bouw van een vijfde baan die in 2003 klaar moet zijn. In tijden van overgang (en in geval van overmacht) is in de ogen van het kabinet gedogen toegestaan. Maar weer blijft de burger met een vraag zitten. Hoe kan het zijn dat het niet handhaven van regels tot een beter resultaat leidt dan het wel handhaven? Hoe kan het voldoen aan regels afhankelijk gesteld worden van zo ingewikkelde berekeningen dat nauwelijks nog iemand het kan volgen?

Iedereen die woonachtig is in de buurt van Schiphol heeft de enorme toename van het aantal vliegbewegingen kunnen constateren. Hoewel de Bijlmerramp heeft laten zien wat de gevolgen hiervan kunnen zijn, is het zo dat in de jaren 1997, 1998 en 1999 vliegtuigen van tijd tot tijd midden over de Amsterdamse binnenstad aanvliegen om te landen op Schiphol. Hierover is door de gemeente Amsterdam met de luchthaven Schiphol een afspraak gemaakt met betrekking tot het gebruik van de banen 22 en 24, die aanvliegroutes over de binnenstad van Amsterdam impliceren. Volgens deze afspraak is het streven om het gebruik van de naderingsroute naar baan 22/24 over de binnenstad van Amsterdam te beperken tot het zogeheten historisch baangebruik, dat overeenkomt met één procent van het aantal landingen op die banen. Het baangebruikpercentage mag overschreden worden onder enkele voorwaarden, zoals omvangrijke onderhoudswerkzaamheden aan een van de andere banen en bij incidentele redenen, maar dan alleen weer wanneer dat in een van volgende jaren wordt verrekend.

Voor de bewoners van Amsterdam-Centrum en Amsterdam-Zuid was evident dat Schiphol zich niet aan deze afspraken hield. Ook daar ontstond een actiegroep, die zich verenigde in de Vereniging Platform Vliegtuigoverlast Amsterdam. Deze vereniging wenste de gemeente Amsterdam en Schiphol te houden aan de gemaakte afspraak over het maximum aantal vliegbewegingen dat over de binnenstad mocht plaatsvinden. In een kort geding vroeg het platform de president van de rechtbank om Schiphol en de gemeente te veroordelen om hun overeenkomst na te komen. Het platform stelde daartoe dat de vastgelegde norm van één procent stelselmatig werd overschreden, soms zelfs tot boven het maximum van twee procent. De overschrijdingen in het ene jaar worden niet gecompenseerd in het andere jaar. Het platform zegt dat zij ervan uit mocht gaan dat de overlast van het vliegverkeer boven de stad beperkt zou blijven tot de norm van één procent. Het feit dat de minister van Verkeer en Waterstaat méér bewegingen heeft toegestaan doet daaraan niets af.

De eis van het platform wordt niettemin afgewezen omdat de president van oordeel is dat de besluitvorming over deze problematiek op nationaal niveau, en dus bij de minister van Verkeer en Waterstaat ligt, en niet bij de gemeente Amsterdam. Betekent dit nu dat de door de gemeente met Schiphol gemaakte afspraak waardeloos is, omdat er een andere overheidsinstelling over gaat? Hoger beroep van deze uitspraak zal dat moeten uitwijzen.

Interessant is wel om te vermelden dat de gemeente van oordeel was dat het platform niet ontvankelijk verklaard moest worden in zijn vordering, en wel omdat niet het platform, maar de gemeente de vertegenwoordiger van de burgers van die stad is.

Hier raken we de kern van de hedendaagse problemen tussen overheid en burgers. Een groep burgers vormt een vereniging om haar belangen te ondersteunen omdat zij zich nu juist *niet* vertegenwoordigd voelt door de gemeente waarvan zij de inwoner is. Het getuigt van bestuurlijke arrogantie om in een kort geding, waarin een groep burgers van de gemeente eist dat zij haar afspraken nakomt, aan de rechter te vragen de zaak maar niet te behandelen omdat de gemeente zelf deze burgers vertegenwoordigt. Hier is de verwijdering tussen een onbegrepen en arrogante representatieve democratie en een groep burgers die zich in het geheel niet herkent in deze democratie compleet.

'RULE OF LAW'

Sinds de hierboven op blz. 61 genoemde oratie van Peter van Buuren uit 1988 over gedogend besturen is er een hele wetenschap rond het gedogen ontstaan, de gedoogkunde. Ook in de Tweede Kamer heeft men zich om het verschijnsel bekreund. In 1997 is er een nota onder de titel 'Gedogen in Nederland' uitgekomen en in de Tweede Kamer behandeld. Zoals dat bij de ontwikkeling van een 'kunde' gaat, worden er vele kanten van het verschijnsel ontdekt en belicht. Volgens de nota 'Gedogen in Nederland' komt gedogen in de praktijk in twee hoofdvormen voor. De eerste vorm is die waarin de met handhaving belaste overheid ten aanzien van een eenmaal geconstateerde overtreding niet handhaaft. De tweede vorm die in de praktijk voorkomt, is erin gelegen dat de met handhaven belaste overheid, al voordat een bepaalde overtreding plaatsvindt, aangeeft dat zij niet handhavend zal optreden. Bij de tweede vorm is sprake van het meest discutabele overheidsbeleid. Hier stapelt zich bij de burgers het meeste onbegrip op, omdat niet onmiddellijk de logica valt in te zien van een regelstellende overheid die vervolgens weer een algemene regel stelt die inhoudt dat de eerder vastgestelde regels niet zullen worden gehandhaafd.

In de gedoogkunde wordt onderscheid gemaakt tussen bestuursrechtelijk en strafrechtelijk gedogen. Hierboven hebben we van beide voorbeelden gezien. Strafrechtelijk gedogen heeft onder meer betrekking op de situatie rond de softdrugs. In het strafrecht is gedogen een veel normalere situatie dan in het bestuursrecht. In het strafrecht gaan we in Nederland uit van het zogenaamde opportuniteitsbeginsel, hetgeen inhoudt dat het Openbaar Ministerie niet verplicht is om ieder strafbaar feit te vervolgen. Dat zou ook absoluut onmogelijk zijn. Er worden in ons land iedere dag weer veel te veel strafbare feiten gepleegd door burgers om ook maar in de verste verte te kunnen vervolgen. Het Openbaar Ministerie stelt dus sinds jaar en dag richtlijnen en prioriteiten ten aanzien van terreinen waar overtredingen meer of minder intensief vervolgd zullen worden. Zo hebben we de laatste jaren een aantal pogingen van het Openbaar Ministerie kunnen zien om voorkennis van fluctuaties van beurskoersen te beteugelen. Politie en Openbaar Ministerie zetten dan met veel mediageweld in: er worden mensen op en rond de beursvloer gearresteerd, de kranten staan er dagenlang bol van, en aan het eind van het liedje blijkt dan toch dikwijls dat het niet tot een veroordeling komt. Denk bijvoorbeeld aan de zaak rond Bols Wessanen, waarin het Openbaar Ministerie hoog opspeelde, maar volledig bakzeil haalde. De schade is dan uiteraard al aangericht. Duidelijk is dat als justitie met zoveel geweld inzet op een bepaald onderwerp, datzelfde geweld niet op een ander onderwerp kan worden ingezet omdat de capaciteit nu eenmaal altijd beperkt is. Aan het niet altijd en overal handhaven van het strafrecht zijn we dus wel gewend.

Op het gebied van het bestuursrecht is de discussie van jongere datum, zoals hierboven al werd aangegeven. Daar kennen we sinds een aantal jaren 'gedoogrechtspraak', 'gedoogbeschikkingen', 'impliciet en expliciet gedogen', 'incidenteel en categorisch gedogen', 'onvoorwaardelijk en voorwaardelijk gedogen', om maar een paar hoofdstukken uit de gedoogkunde te vermelden. Blijkens de gedoognota uit 1997 kunnen aan gedogen verschillende motieven ten grondslag liggen. In de eerste plaats kan de beslissing om te gedogen welbewust worden genomen na afweging van betrokken belangen. In de tweede plaats kan gedogen voortkomen uit onvermogen tot handhaven bij de instantie die met de handhaving is belast.

Gelukkig wordt in de nota de rechtsstatelijke problematiek van het gedogen uitdrukkelijk aan de orde gesteld. De beginselen van onze rechtsstaat vereisen dat een bestuursorgaan actief toeziet op de naleving van de wet en bij overtreding passende en effectieve handhavingsmaatregelen treft. Het bestuursorgaan moet die taak uitoefenen in overeenstemming met de algemene rechtsbeginselen zoals deze in de rechtspraak zijn ontwikkeld en in de Algemene wet bestuursrecht zijn vastgelegd. Die rechtsbeginselen kunnen rechtvaardigen, en soms ertoe verplichten, dat in bepaalde gevallen géén bestuursdwang wordt uitgeoefend of geen sanctie wordt opgelegd. Om te zorgen, aldus de nota, dat met het rechtsstatelijk dilemma op verantwoorde wijze wordt omgegaan, is het noodzakelijk om grenzen en voorwaarden aan het gedogen te stellen, om te voorkomen dat lichtvaardig of willekeurig wordt gedoogd. De grenzen die worden gesteld zijn de volgende. Gedogen is slechts aanvaardbaar: 1) in uitzonderingsgevallen; 2) mits beperkt in omvang en tijd; 3) mits expliciet en na zorgvuldig kenbare belangenafweging en 4) als controle op het gedoogbeleid mogelijk is. Steeds meer, aldus nog steeds de nota, wordt bij nieuwe wetgeving en beleidsvorming gekeken naar de handhaafbaarheid en de uitvoerbaarheid. Ook worden wetten nadat ze zijn ingevoerd meestal na enige tijd geëvalueerd om te bezien of de wet in de praktijk de effecten heeft die bedoeld waren.

Met het oog op het bovenstaande kunnen we met vreugde vaststellen dat het gedogen de aandacht van de regering heeft. Maar, zoals vaker, een probleem in de samenleving wordt niet getackeld door er een nota over te schrijven en die in de Tweede Kamer te behandelen. In mijn ogen is de ontwikkeling van de gedoogkunde te veel binnenskamers gebleven. Het is een specialistische aangelegenheid voor deskundigen op het gebied van het bestuursrecht en de beleidswetenschappen geworden. Er wordt onvoldoende met de samenleving gecommuniceerd hoe genuanceerd er nu precies tegen handhaving van regels wordt aangekeken. Het is aan eenieder wel duidelijk dat niet alle regels vallen te handhaven als veel burgers regels wensen te overtreden. Geen enkele overheid kan een handhavingscapaciteit op de been brengen die tot generale handhaving zou leiden. Een beetje door de vingers zien is dus inherent aan het stellen van regels. Maar de overheid heeft een paar onderwerpen ter gedoging uitgekozen die moeilijk blijven uit te leggen en die een sfeer doen ontstaan die erop neerkomt dat veel burgers denken dat de overheid zelf het ook niet al te nauw neemt met de eigen regels. Hierboven heb ik daarvan een aantal voorbeelden genoemd. Het blijft moeilijk te verteren dat een crimineel die een aantal ernstige strafbare feiten heeft begaan daarvoor minder gestraft wordt dan een collega die precies hetzelfde heeft gedaan, louter en alleen omdat de eerste als getuige met de overheid meewerkt om de tweede langer achter de tralies te krijgen. Het blijft moeilijk om uit te leggen dat je wel softdrugs mag gebruiken en kopen in de coffeeshop, maar dat de bevoorrading van de coffeeshop door middel van handel illegaal en via de achterdeur moet geschieden en dat de groothandel in hasjiesj en marihuana, zoals we aan het proces van de Hakkelaar hebben kunnen zien, nog altijd leidt tot forse gevangenisstraffen en boetes. Dat wat betreft het strafrecht.

Op het gebied van het bestuursrecht blijft het ook moeilijk om in te zien waarom de overheid keer op keer, en jaar op jaar, overschrijding van vastgestelde geluidsnormen ten aanzien van Schiphol gedoogt. Het leven zit vol tegenstellingen en paradoxen en de werkelijkheid blijkt iedere keer weerbarstiger dan de overheid zich tevoren kan realiseren. Niettemin is onvoldoende het beeld geschapen dat gedogen een hoge uitzondering is die slechts in gevallen van overgang en overmacht aan de orde is. Investeren in het overbrengen van deze boodschap zou de overheid niet misstaan.

4

See you in court!

Het aantal advocaten in Nederland is vanaf 1970 tot 1999 hard gegroeid. Waren het er in 1970 ongeveer 2000, in 1999 is het aantal van 10.000 overschreden. Daarbij moet natuurlijk bedacht worden dat de Nederlandse bevolking gegroeid is van zo'n 13 miljoen naar 16 miljoen, maar dat verklaart niet zonder meer de exponentiële groei van de advocatuur. Delen van een verklaring kunnen gevonden worden in de toegenomen belangstelling voor sociale advocatuur en het verstrekken van middelen daartoe door de overheid via betaalde rechtshulp, en de toegenomen bereidheid van rechters om in kort geding gerezen kwesties te behandelen die niet altijd even juridisch zijn. Ook kan worden gewezen op de bereidheid van de burgers om kleine verschillen van mening aan de rechter voor te leggen ter beslissing. Juridisering heeft te maken met de ingewikkeldheid van de wetgeving en de regelgeving, met de toename van het aantal wetten, regels en besluiten, met de bereidheid van burgers in allerlei rollen om een beroep te doen op de regels en om, als men zijn zin niet krijgt, bij de rechter te trachten alsnog het gelijk te halen. Ook het gegroeide aanbod van betaalbare rechtshulp is voor een deel verantwoordelijk voor de juridisering. Omdat het ideaal van de jonge juristen uit de jaren zeventig van een volksverzekering voor rechtsbijstand nooit werkelijkheid is geworden, hebben private rechtsbijstandverzekeraars hun cliëntèle zien groeien. Bij een grote rechtsbijstandverzekeraar als DAS werken alleen al op het gebied van arbeidsrecht ruim honderd juristen.

Laten we eens aan de hand van twee voorbeelden uit de wereld van de arbeid bekijken hoe dat deel van de samenleving is gejuridiseerd. Neem eens een kippenslachterij in het zuiden van het land, waar 300 mensen werken en waar op enig moment een vechtpartij plaatsvindt tussen twee leden van het personeel. De directie meent te weten wie van de twee personeelsleden verantwoordelijk is voor het ontstaan van het gevecht en ontslaat deze man op staande voet. We noemen hem Ben Suis. Ben is het absoluut niet eens met de analyse die de directie van de vechtpartij heeft gemaakt en is ervan overtuigd dat niet hij, maar zijn collega Jan Pap de vechtpartij is begonnen naar aanleiding van een ruzie over het niet terugbetalen van geleend geld. Hoe dit ook zij, Ben wordt naar huis gestuurd. Bij een ontslag op staande voet geldt dat de werkgever onmiddellijk ophoudt met het betalen van loon, terwijl een ww-uitkering er niet in zit omdat een werknemer in die situatie verwijtbaar werkloos is. Als Ben dus niets doet en niet onmiddellijk een nieuwe baan heeft, kan hij een aanzienlijke inkomensterugval verwachten. Vanwege het feit dat Ben vindt dat hij ten onrechte is ontslagen, vanwege de verwachte inkomensterugval en vanwege de slechte roep die een ontslag op staande voet heeft, gaat Ben een juridisch gevecht aan. De regels van het ontslagrecht zijn ingewikkeld. Hij heeft voor zijn gevecht zonder meer bijstand nodig van een vakbondsadvocaat of een bureau voor rechtshulp. Hij zal in een kort geding aannemelijk proberen te maken dat de oorzaak van de vechtpartij niet bij hem lag maar bij een ander, en dat hij ten onrechte op staande voet is ontslagen. Hij zal dan ook weer onmiddellijke tewerkstelling verlangen. Verder moet hij een bodemprocedure aanspannen, waarin hij de geldigheid van het ontslag betwist. De kans bestaat uiteraard dat hij in het kort geding gelijk krijgt en dat de werkgever wordt veroordeeld om Ben weer terug te nemen. Gebeurt dat, helaas voor Ben, niet, dan raakt hij verzeild in een web van procedures die bij gunstige afloop voor Ben op zijn best voor hem resulteren in een aantal maanden salaris. De werkgever die iemand op staande voet heeft ontslagen kan ook niet rustig afwachten tot de ontslagen werknemer hem met een procedure bespringt, maar zal onmiddellijk zijn advocaat moeten inschakelen om actie te ondernemen. Ook als de werkgever er volstrekt van overtuigd is dat hij op legitieme gronden tot een ontslag op staande voet is overgegaan, moet hij een ontslagvergunning aanvragen op het arbeidsbureau dan wel een ontbindingsprocedure starten bij de kantonrechter. Dat is nodig om zijn risico's zo veel mogelijk in te perken, het risico namelijk dat na een aantal procedures de rechter het ontslag alsnog ongeldig zal achten, hetgeen er dan op neer zou komen dat de werkgever jaren salaris moet betalen aan een werknemer die daarvoor geen werk heeft geleverd. Een betrekkelijk eenvoudig ontslag op staande voet genereert dus een hoop werk voor arbeidsbureau, kantonrechter, rechtshulpverleners en uitkeringsinstanties. Door de regelgeving worden zowel werkgever als werknemer in zo'n situatie gedwongen om juridische actie te ondernemen.

Nog een ander voorbeeld. Neem een collectief ontslag wegens een reorganisatie bij een bedrijf. Stel bijvoorbeeld dat bij het bedrijf Kemi een product wordt gemaakt, fosforzuur, en dat dit productieproces leidt tot vervuiling van de naast het bedrijf gelegen rivier. Een van de afvalstoffen die ontstaat bij het productieproces van fosforzuur is gips, en dat gips wordt geloosd in die rivier. De vergunning voor het lozen van het gips in de rivier loopt af, en de milieu-autoriteiten laten weten niet van zins te zijn een nieuwe vergunning te verstrekken als niet een groot investerings-plan wordt ontworpen om de gipslozing binnen een aantal jaren sterk te verminderen. Kemi onderzoekt de moge-lijkheden om een dergelijke investering te doen, maar komt tot de conclusie dat voldoen aan de eisen van de mi-lieuautoriteiten een investering van 30 miljoen gulden vergt, welke niet kan worden terugverdiend. Kemi besluit dan ook om de fosforzuurfabriek te sluiten, hetgeen het ontslag betekent van 60 mensen. De productie van fosfor-zuur wordt verplaatst naar Marokko, waar minder strenge milieunormen gelden.

Alvorens tot een dergelijk ontslag te kunnen overgaan, dient Kemi eerst advies te vragen aan de ondernemings-raad over het voorgenomen plan om tot sluiting van de fabriek over te gaan. Tevens dient Kemi het plan te mel-den aan de vakbonden die leden hebben in het bedrijf en moet met de vakbonden worden overlegd over het tot-standkomen van een sociaal plan waarin regels worden opgenomen over de afvloeiingsregelingen van het perso-neel. Afvloeiingsregelingen bestaan er doorgaans uit dat gedurende een bepaalde periode de ww-uitkering wordt aangevuld tot het oude salaris. Ook wordt in sociale plan-nen de werkgever verplicht om zoveel mogelijk actie te ondernemen om via arbeidsbemiddelingsbureaus, uit-zendbureaus en andere van dergelijke instituten te probe-ren de werknemers die ontslagen worden aan ander werk te helpen. Is de procedure met de ondernemingsraad doorlopen en is met de vakorganisaties een sociaal plan afgesloten, dan moet nog voor iedere individuele werknemer een ontslagvergunning worden aangevraagd bij het arbeidsbureau. Iedere individuele werknemer kan zich in die procedure verzetten tegen het ontslag, maar ook in geval hij dat niet doet, zal met de vergunningverlening een aantal weken gemoeid zijn. Is de ontslagvergunning verleend, dan staat het de ontslagen werknemer nog vrij om bij de kantonrechter een procedure te beginnen waarin hij schadevergoeding eist vanwege het ontslag. Zo kan het zich voordoen dat een dergelijke werknemer van oordeel is dat de vergoeding die hij op grond van het sociaal plan krijgt te mager is, bijvoorbeeld tegen de achtergrond van een lang dienstverband of een gevorderde leeftijd waardoor een moeilijke situatie op de arbeidsmarkt ontstaat, e.d. In de situatie van een collectief ontslag ontstaat zowel voor de werkgever als voor de werknemer een gecompliceerde juridische toestand waarbij tal van wetten en regelingen tegelijkertijd toepasselijk zijn. Bij een collectief ontslag zoals in het voorbeeld aangegeven, zijn van toepassing de Wet op de ondernemingsraden, de Wet melding collectief ontslag, het Buitengewoon besluit arbeidsverhoudingen 1945, de Wet op de arbeidsovereenkomst, de Werkloosheidswet en de Wet op de CAO, terwijl in voorkomende gevallen van bijvoorbeeld ziekte ook nog de Ziektewet en de WAO een rol kunnen spelen. Het is vrijwel uitgesloten dat een werkgever en werknemer hier zonder juridische hulp uitkomen.

Algemeen erkend wordt dat het Nederlandse ontslagrecht gecompliceerd van aard is, en er zijn in de loop der jaren al tal van voorstellen gedaan, ook vanuit de wetenschap, om tot vereenvoudiging te komen. Dat is tot op heden niet gelukt en de laatste kans die regering en parlement hiervoor hebben verkregen, was de totstandkoming van de Wet flexibiliteit en zekerheid in 1998. Het is hier niet de plaats om diepgaand op die wet in te gaan, maar wel kan in het verband van ons onderwerp worden vastgesteld dat de Flexwet in ieder geval niet tot vereenvoudiging van het ontslagrecht heeft geleid, eerder het tegendeel. De wetgever probeert terecht tal van belangen die bij een dergelijk onderwerp spelen in een regelgeving gebalanceerd te beschermen: het belang van de werkgever om als dat echt nodig is binnen redelijk korte tijd tot het einde van het dienstverband te kunnen geraken waardoor de salarisbetalingen kunnen ophouden, het belang van de werknemer bij continuïteit van zijn functie en bij werk, en het belang van de werkloze werknemer bij een loongerelateerd inkomen als zijn werk om redenen buiten zijn schuld wegvalt.

In een bijdrage in het *Nederlands Juristenblad* in 1997 over juridisering voorspelde de rechtssocioloog C.J.M. Schuijt dat op het terrein van arbeidsrelaties en arbeidsverhoudingen er in de komende jaren een afname zal zijn van juridisering. Met het oog op de mondialisering van de economie ziet Schuijt een verscherpte concurrentie ontstaan die niet meer kan leven met een star arbeidsrecht waarin vele beschermende regels voor werknemers zijn opgenomen. Hij ziet arbeidsorganisaties voor zich waarbij niemand meer een vaste baan zal hebben en vakorganisaties die te weinig krachtig zijn om hiertegen georganiseerd en massaal verzet te bieden. Het ziet er niet naar uit dat Schuijt hierin gelijk zal krijgen. Op het gebied van de arbeid is sinds 1997 alleen nog maar een toename van het aantal regels vast te stellen, terwijl ook het aantal procedures over die regels eerder toe- dan afneemt. Er is een grote vraag naar arbeidsrechtjuristen die werkzaam zijn bij de vakbeweging, bij de werkgeversorganisaties, bij de rechtsbijstandverzekeraars en bij de advocatenkantoren.

Ook op andere gebieden dan dat van het arbeidsrecht is de dejuridisering nauwelijks waarneembaar. Hierboven kwam het milieu al enigszins ter sprake, waaromheen ook een complex geheel van rechtsregels is ontstaan waarbij vele, soms tegengestelde, belangen moeten worden gediend. Welk onderdeel van de samenleving men ook neemt, altijd zijn er wel regels op van toepassing. Dat kunnen formeel juridische regels zijn, maar dat kunnen ook sociale normen zijn. Een van de oorzaken van de juridisering, in die zin dat men eerder bereid is om een conflict voor de rechter uit te vechten, is erin gelegen dat mensen minder in staat zijn om gerezen conflicten in der minne te schikken. Uitgaande van deze gedachte is er dan ook méér aandacht aan het ontstaan voor een alternatieve vorm van geschilbeslechting, die naar Amerikaans voorbeeld wel 'mediation' (bemiddeling) wordt genoemd. De bedoeling van deze methode is om zonder de rechter te benaderen tot een oplossing van gerezen geschillen te komen. Daarbij is dan natuurlijk weer wel de hulp nodig van een 'mediator' of een bemiddelaar die met een speciaal daarvoor ontvangen scholing partijen tot een afwikkeling van hun geschil kan brengen.

Hoeveel er ook geschreven is over juridisering en de nadelen daarvan, het is niet waarschijnlijk dat op korte of middellange termijn sprake zal zijn van afname van regeldruk of procedures. De advocatendichtheid in Nederland is weliswaar sterk gestegen, maar is relatief nog steeds laag vergeleken met landen als bijvoorbeeld de Verenigde Staten of Duitsland. De kans dat wij toegroeien naar vergelijkbare cijfers als de genoemde landen is groter dan dat de genoemde landen in onze richting zullen komen. Het mondiger worden van mensen, de afgenomen bereidheid om te schikken, het toegenomen aanbod van rechts-

hulp, de verzakelijking van de maatschappij, het wegvallen van hiërarchische verbanden, de opkomst van een
contractuele samenleving, het zijn allemaal redenen om
de stelling te staven dat juridisering eerder zal toenemen
dan afnemen.

Dit laatste is een doorn in het oog van sommige openbaar
bestuurders. Wanneer een politiek lichaam als bijvoorbeeld Provinciale Staten een besluit heeft genomen, dan
wil degene die verantwoordelijk is voor de uitvoering van
dat besluit uiteraard zo snel mogelijk aan de slag. Maar
net zoals de werkgever die bepaalde besluiten wil uitvoeren, vindt ook de openbaar bestuurder tal van regels en
besluiten op zijn weg vooraleer hij tot uitvoering van
bepaalde besluiten kan overgaan. Bovendien moet de
besluitvorming voldoen aan bepaalde vereisten die zijn
neergelegd in de Algemene wet bestuursrecht. Deze wet
heeft als belangrijke doelstelling om de burger te beschermen tegen een al te voortvarende en machtige overheid.
Rechtsbescherming tegen overheidsbeslissingen heeft in
de periode na de tweede wereldoorlog een snelle en
omvangrijke ontwikkeling doorgemaakt waarbij de vaststelling van de Algemene wet bestuursrecht in de jaren
tachtig en negentig het hoogtepunt was. De wet gaat uit
van de gedachte dat openbaar bestuur moet voldoen aan
beginselen van behoorlijk bestuur en normen van zorgvuldigheid, van fair play, van gelijke behandeling van gelijke
gevallen en van het voldoen aan opgewekte verwachtingen. Zoals in hoofdstuk 1 al werd vermeld, is in 1997 door
een werkgroep onder voorzitterschap van dr. Van Kemenade de discussie over de juridisering van het openbaar
bestuur aangezwengeld door het uitbrengen van een rapport getiteld 'Bestuur in geding'. In december 1998 heeft
het kabinet een standpunt uitgebracht naar aanleiding

van het rapport van de werkgroep Van Kemenade. Zowel het rapport van de werkgroep Van Kemenade als de reactie daarop van Paars II raken het hart van het onderwerp in dit boek, de verramsjing van het recht. Vandaar dat ik er hierna ruim aandacht aan zal besteden.

'BESTUUR IN GEDING'

"Om de democratische besluitvorming te versterken, moet de juridisering van het openbaar bestuur worden teruggedrongen." Deze zinsnede staat in het regeerakkoord dat de basis is van Paars II. Deze zin is direct terug te voeren op het rapport van de werkgroep Van Kemenade. De werkgroep bevatte een zware delegatie van openbaar bestuurders die zich groen en geel ergeren aan de rechten die burgers hebben om zich te verzetten tegen door het openbaar bestuur genomen besluiten.

Misschien is het een aanwijzing van de ergernis van deze openbaar bestuurders dat de pagina's in het rapport van de werkgroep Van Kemenade waarin de belangrijkste conclusies worden opgesomd geel gekleurd zijn. Waar zit de ergernis van deze bestuurders? Zij schrijven het zelf als volgt op. "De werkgroep is van mening dat het openbaar bestuur in de knel is geraakt door een buitensporige juridisering van het openbaar bestuur. Het bestuur zit bij zijn doen en laten gevangen in een web van juridische regels, beginselen en procedures. Er is: 1) een teveel aan vaak gedetailleerde regels die het bestuur beheersen; 2) een overdaad aan beroepsmogelijkheden bij de rechter en 3) een te grote zeggenschap bij de rechter die zijn taak vaak op een voor het bestuur nadelige wijze uitoefent. Er is bovendien een tendens dat dit web steeds uitgebreid wordt via regelgeving en jurisprudentie. De werkgroep is van mening dat de juridisering van het openbaar bestuur heeft geleid tot onaanvaardbare aantasting van de rechtszekerheid van het bestuur en van de eigen positie van het bestuur in de trias politica. De rechter is mede-bestuurder geworden. In een aaneenschakeling van deelprocessen (inspraak, openbare voorbereidingsprocedures, bezwaar, beroep, hoger beroep) is een geheel ontstaan waarbij het forum steeds wisselt maar het type discussie grotendeels hetzelfde is en in wezen bestuurlijk van karakter blijft. De uitslag van rechterlijke procedures is voor het bestuur ongewis en onvoorspelbaar. Naast de in de wet geschreven regels toetst de bestuursrechter immers de besluiten ook aan ongeschreven regels en beginselen, te weten de beginselen van behoorlijk bestuur. Het gaat hier om beginselen als het zorgvuldigheidsbeginsel, het motiveringsbeginsel, het vertrouwensbeginsel, die zijn ontwikkeld in de loop van de jaren door de rechtspraak."

In de ogen van de werkgroep Van Kemenade verschaffen deze beginselen de rechter een te ruime mogelijkheid om beleid te voeren. Op deze manier bemoeit de rechter zich met de inhoud van het bestuur, gaat hij met andere woorden op de stoel van de bestuurder zitten.

De werkgroep wijst erop dat het openbaar bestuur heeft te zorgen voor een geordende en goedlopende samenleving. Het aantal problemen dat het bestuur moet oplossen neemt voortdurend toe, net als de gecompliceerdheid ervan. Uiteraard moet het openbaar bestuur blijven streven naar kwaliteit en zorgvuldigheid in de besluitvorming, maar er moeten ook knopen worden doorgehakt waarbij risico's moeten worden genomen. De werkgroep constateert dat er een wanverhouding is ontstaan tussen de mate waarin vanuit individuele- of deelbelangen belemmeringen kunnen opgeworpen worden tegen de behartiging van het algemeen belang door het openbaar bestuur, en tussen de bestuurlijke verantwoordelijkheid enerzijds en de rechterlijke overheersing in de besluitvormingsprocessen anderzijds. Kortom, in mijn woorden, het openbaar bestuur moet meer ruimte krijgen en de rechter moet terug in zijn hok. De werkzaamheden in dat hok bestaan uit een strikte en objectieve rechtmatigheidscontrole van het bestuur. De werkgroep wil komen tot verbetering van bestuurlijke besluitvormingsprocedures door deze daadwerkelijk interactief te maken, waarbij interactie plaatsvindt tussen de bestuurden en de bestuurders. De werkgroep wil eveneens een herformulering van de toetsingsmaatstaven van de bestuursrechter. Ook wil de werkgroep een beperking van de mogelijkheden om beroep in te stellen tegen besluiten van het openbaar bestuur.

Het is duidelijk dat hier getergde en geërgerde bestuurders aan het woord zijn die zich in hun daadkracht gehinderd zien door burgers die een beroep doen op de rechter, én door een rechter die de handelwijze van het bestuur te dicht op de huid zit. Opvallend is (het is in de pers al eerder opgemerkt) dat in de werkgroep Van Kemenade een paar 'maakbaarheidssocialisten' van de jaren zeventig zitten, Van Kemenade zelf en A. Peper. Zij trokken in het kielzog van de 'culturele bevrijdingsbeweging' van de jaren zestig ten strijde tegen het toenmalige ouderwetse regentendom van de verzuilde Nederlandse samenleving. Ze waren (en zijn) belangrijke mensen in de Partij van de Arbeid die in die tijd aan de wieg stond van het propageren van inspraak van burgers, van medezeggenschap voor werknemers en ambtenaren, van verplatting van het openbaar bestuur, van het toegankelijk zijn van het bestuur voor de burgers en meer van dergelijke idealen.

Een jarenlang verblijf in de top van het openbaar bestuur heeft kennelijk andere gedachten doen ontstaan. Burgers, groepen van burgers en rechters worden door hen dikwijls als hindermacht ervaren, waardoor efficiënte en effectieve besluitvorming in onze democratie niet goed meer mogelijk is. Het duurt te lang voor er een Betuwelijn ligt, voor er een hogesnelheidslijn in Nederland aangelegd wordt, voor er bij Schiphol banen kunnen worden bij gelegd, maar ook voordat besluiten van minder grote omvang kunnen worden uitgevoerd.

In de juridische wereld is het rapport van de werkgroep Van Kemenade slecht ontvangen. Tal van (hooggeleerde) deskundigen op het gebied van het bestuursrecht hebben de staf gebroken over de inhoud van het rapport. Hoogleraar bestuursrecht L.J.A. Damen (RU Groningen) heeft in een uitvoerige bijdrage in het vakblad voor de rechterlijke macht (*Trema* 1998, nr. 9) het rapport van de werkgroep Van Kemenade zorgvuldig gefileerd. Hij wijst erop dat er bij veel bestuurders in Nederland een antijuridische attitude bestaat. Het bestuursrecht wordt gezien als een negatieve randvoorwaarde voor het openbaar bestuur in plaats van als een positieve. Voorts wijst hij erop dat het rapport Van Kemenade iedere empirische onderbouwing ontbeert. Er wordt in het rapport gesteld dat de bestuursrechters in Nederland de neiging niet kunnen onderdrukken om in de praktijk vaak op de stoel van het bestuur te gaan zitten. Dat gebeurt, aldus Van Kemenade, zelden op openlijke wijze maar meer bedekt of impliciet. Damen vraagt zich af over welke rechterlijke uitspraken Van Kemenade het dan heeft. In het rapport 'Bestuur in geding' worden nauwelijks voorbeelden genoemd. Damen refereert aan een bijeenkomst waar Van Kemenade het woord voerde en waar hij desgevraagd een vijftal voorbeelden gaf van neigingen van de bestuursrechter om op de stoel van de bestuurder te gaan zitten. Vijf voorbeelden uit de tienduizenden uitspraken die bestuursrechters per jaar doen. Van de door Van Kemenade genoemde voorbeelden bleken er twee nu juist in de hoogste instantie *ruimte* te hebben gemaakt *voor grotere beleidsvrijheid* van het openbaar bestuur. De andere drie door Van Kemenade op die bijeenkomst genoemde voorbeelden bleken ook geen sterke voorbeelden van gevallen waar de bestuursrechter over de schreef was gegaan. Damen vraagt zich af in welke wereld politici en bestuurders leven, als zij op basis van een zo gebrekkige kennis en voornamelijk op basis van veronderstellingen en incidenten algemene beleidsconclusies trekken over de rol van de rechter in de samenleving. Damen schetst het beeld van de klassieke botsing tussen justitie en openbaar bestuurders die het recht vooral zien als een instrument om de samenleving in een door hen gewenste richting te sturen.

Dat het recht (ook) een instrumentele functie heeft wordt door niemand betwist, maar in het bestuursrecht gaat het juist vooral om de waarborgfunctie van het recht. De overheid heeft een grote macht toebedeeld gekregen die zij uitoefent ten opzichte van de burgers. De rechtsstaatgedachte gaat er nu juist vanuit dat de burgers waarborgen worden geboden tegen een al te oppermachtige overheid. De waarborgen zijn neergelegd in de Algemene wet bestuursrecht, waarin de beginselen en regels zijn opgenomen welke door de bestuursrechters worden toegepast. H.J. Simon, hoofddocent bestuursrecht aan de Rijksuniversiteit Limburg, wijst er in een bijdrage in het *Nederlands Juristenblad* (1999) op, dat het Nederlands bestuursrecht ingebed *moet* zijn in een omgeving van individuele rechten en vrijheden. Naar zijn oordeel is het huidige bestuursrecht nog te veel gebouwd vanuit een 'top down' model, met kenmerken van een verregaande ondergeschiktheid van het individueel belang aan het algemeen belang en het zo mogelijk buiten de deur houden van de rechter. Hij wijst erop dat de Europese constitutie (het Europees Verdrag voor de Rechten van de Mens) steunt op de 'Rule of Law' waar het in de kern weer gaat om het scheppen van effectieve waarborgen tegen 'arbitory interferences by the authorities'. Op basis van de Europese constitutie is de maatstaf voor wetgever, bestuur en rechter het vereiste van een 'fair balance' tussen algemeen en particulier belang. In zijn bijdrage wijst Simon erop dat het rapport van de werkgroep Van Kemenade de balans veel te ver doet doorschieten in de richting van de overheid. Het is gebaseerd op de instrumentele visie op het recht en te weinig is er oog voor het gegeven dat het recht er primair is voor 'human beings', wat meebrengt dat bij de toepassing van het recht respectering van de rechten en vrijheden van de mens uitgangspunt moet zijn. Ook Damen merkt op dat er in het rapport van Van Kemenade uitgegaan wordt van een beperkt inzicht in de functie van het recht in de samenleving. Hij wijst erop dat de gedachten achter het rapport van Van Kemenade vermoedelijk het topje van een ijsberg van bestuurlijk ongenoegen zijn, zowel bij Haagse vakdepartementen als bij provinciale en gemeentelijke besturen. Het is een 'handen uit de mouwen' mentaliteit, waarin onvoldoende kennis van en/of belangstelling voor het gegeven bestaat dat het openbaar bestuur iets anders is dan het bestuur van een bedrijf en dat *het openbaar bestuur er is van en voor de burgers en niet andersom.*

Een derde auteur die ik hier wil noemen in verband met de inzichten die blijken uit het rapport van Van Kemenade, is J.E.M. Polak, advocaat bij Stibbe Amsterdam en hoogleraar bestuursrecht aan de Rijksuniversiteit Leiden. Hij wijst er in zijn dissertatie (Amsterdam 1999) op dat er drie aspecten kunnen worden onderscheiden in het juridiseringsdebat en de positie van de rechter in het Nederlandse openbaar bestuur. In de eerste plaats is er het aspect van de toegang tot de rechter, vervolgens is er dat van de controle door de rechter op de buitenkant van overheidsbesluiten, zoals het zorgvuldigheidsbeginsel en het motiveringsbeginsel, en in de derde plaats valt te wijzen op de inhoudelijke toetsing door de rechter van een overheidsbesluit waarbij met name de gemaakte beleidskeuze aan de orde is. Polak wijst erop dat voor wat betreft de eerste twee aspecten, dus de toegang tot de rechter en de toetsing aan formele beginselen als zorgvuldigheid en motivering, er in de laatste 20 jaar onmiskenbaar sprake is van een enorme toename van de rol van de rechter en dus van juridisering. Maar dit gegeven is volgens hem nu juist grotendeels positief te waarderen. Voor wat betreft het derde aspect, het meest inhoudelijke, wijst Polak erop dat de toetsing met betrekking tot inhoudelijke beleidskeuzes door de rechter de laatste jaren niet of nauwelijks aan indringendheid heeft gewonnen. De toegang tot de *bestuursrechter* is ontwikkeld omdat vele gespecialiseerde bestuursrechtelijke procedures zijn ontworpen, waar de burgers uiteraard de weg naar hebben weten te vinden. Was dit niet geschiedt, dan zou de *burgerlijke* rechter zijn benaderd door diezelfde burgers. Het ontstaan van een gespecialiseerde rechter op het gebied van het bestuursrecht heeft weliswaar veel zaken veroorzaakt, maar die zouden er ook geweest zijn als die speciale toegang niet zou zijn gecreëerd. Bovendien, zo stelt Polak, is de kwaliteit van het bestuur juist verbeterd door de gespecialiseerde bestuursrechters, met name door de Afdeling rechtspraak van de Raad van State op grond van de Wet AROB, later door de Afdeling bestuursrechtspraak van datzelfde hoge College van Staat. De rechtsbescherming tegen overheidsbesluiten is in de loop van de twintigste eeuw verplaatst van de burgerlijke rechter naar de bestuursrechter. De achtergrond van die verschuiving is erin gelegen dat er een wens bestaat om voor de burger een gemakkelijk toegankelijke, niet kostbare, rechtsgang te openen tegen bestuursbesluiten, zonder verplichte procesvertegenwoordiging, bij rechters die in bestuursrecht gespecialiseerd zijn. Het feit dat tegen veel overheidsbeslissingen beroep mogelijk is bij een bestuursrechter, is onmiskenbaar een factor in de juridisering, maar vanuit de ontwikkeling van de rechtsbescherming van de burger is die toename logisch en onomkeerbaar.

Vermoedelijk mede ingegeven door de heftige kritiek vanuit het juridische veld, is de kabinetsreactie van Paars II op het rapport van Van Kemenade aanzienlijk evenwichtiger en rustiger van toon dan dat rapport zelf. Het lijkt er soms op alsof het rapport van Van Kemenade een bal door de ruiten heeft willen schieten en het kabinet de gruzelementen van de ruit weer enigszins aan elkaar probeert te lijmen. Niettemin vraagt ook het kabinet er aandacht voor dat er een overmatige juridisering is ontstaan in onze samenleving en dat het van het grootste belang is dat gewerkt wordt aan het ontwarren en ontvlechten van deze 'juridische verdichting'. Maar ook heeft het kabinet er oog voor dat juridisering een zelfstandig, en onvermijdelijk, verschijnsel is in de moderne samenleving. Ook wijst de regering erop dat de rechtsbescherming van de burger en de daardoor uitdijende omvang van het bestuursrecht bewust gewilde ontwikkelingen zijn geweest. Doel ervan was verdere verbetering van de kwaliteit van de democratische en sociale rechtsstaat. Juridisering als waarborg voor de burgers in de samenleving is niet alleen onvermijdelijk, aldus het kabinet, maar ook gewenst. Het gaat er nu om de niet gewilde effecten ervan te traceren en te reduceren. In de ogen van het kabinet is het evenwicht in de trias politica tussen bestuur, wetgeving en rechter nog niet aan het wankelen gebracht door de toenemende juridisering in de samenleving. Wel vergt de toenemende juridisering inspanningen van alle drie de onderdelen van de trias om het bestaande evenwicht te continueren. Hoewel op onderdelen verbetering kan worden aangebracht in rechtsbeschermingsprocedures is er, aldus het kabinet, geen aanleiding om het rechtsbeschermingsstelsel in zijn geheel te heroverwegen in de zin van het sterk terugdringen van rechtsbeschermingsmogelijkheden en van beperking van toetsingsmogelijkheden van de rechter. De regering wijst erop dat op het terrein van het openbaar bestuur er sprake is van een aantal niet beoogde negatieve effecten van wetgeving, dat vooral optreedt in de gevallen waarin meer wetten tegelijkertijd moeten worden toegepast of onnodige afwijkingen bestaan van de algemene regels in de Algemene wet bestuursrecht. De onderlinge afstemming van deze wetgeving moet worden verbeterd. Er moet in de ogen van het kabinet worden bekeken in hoeverre de kwaliteit van wetgeving kan worden verbeterd, en in hoeverre de kwaliteit van het bestuur via het maken van afspraken daarover kan worden verbeterd. Voorts zal worden bezien hoe de inrichting van bezwaarschriftenprocedures zodanig kan worden gewijzigd dat deze procedures op eenvoudige wijze kunnen worden toegepast en zal er een wet worden ingediend waarin de mogelijkheid wordt geopend om bezwaarschriftenprocedures *met instemming van alle partijen* over te slaan.

Op tal van onderwerpen die in het rapport Van Kemenade tot vergaande voorstellen leiden, zegt het kabinet nadere studie te zullen verrichten of te zullen bezien of er nadere actie zal worden ondernomen. Aan de hand van een analyse van de jurisprudentie zal het kabinet bezien in hoeverre omschrijvingen van de algemene beginselen van behoorlijk bestuur, welke bij uitstek een instrument in handen van de bestuursrechter zijn, helderder zouden moeten worden geformuleerd. Van drastische terugbrenging van beginselen van behoorlijk bestuur aan de hand waarvan de bestuursrechter overheidshandelen kan toetsen, is in het kabinetsstandpunt in het geheel geen sprake. Het kabinet vraagt bestuursorganen om zelf voldoende aandacht te besteden aan kwaliteit van de juridische controlefunctie binnen hun eigen organisatie, teneinde uiteraard hiermee te voorkomen dat de bestuursrechter moet ingrijpen. Aandacht moet er zijn voor de tijdige besluitvorming door bestuursorganen maar natuurlijk ook voor beslistermijnen van de rechters. Het is van belang dat doorlooptijden van procedures zo kort mogelijk zijn. Dat geldt ook voor rechters die zich aan vooraf vastgestelde termijnen moeten gaan houden. In veel gevallen gaat aan een proces bij de rechter een bezwaarschriftenprocedure vooraf. De essentie hiervan is dat het openbaar bestuur dat een bepaald besluit ten opzichte van een burger heeft genomen, nog eens wordt gevraagd de besluitvorming te heroverwegen. Uit de evaluatie van de Algemene wet bestuursrecht is gebleken dat de bezwaarschriftprocedure in de praktijk dikwijls zo is ingericht dat er nauwelijks sprake is of kan zijn van een echte heroverweging van het besluit waartegen de burger of groepen burgers zich verzetten. Het kabinet is er een voorstander van om de bezwaarschriftenprocedures meer een volledig heroverwegingskarakter te geven. De procedures moeten worden benut om door middel van overleg en bemiddeling tot een oplossing van het geschil te komen, in plaats van dat het bestuur formeel nog een keer heroverweegt, hetzelfde besluit neemt, waarop vervolgens uiteraard de burger naar de rechter gaat.

In het kabinetsstandpunt omtrent de juridisering van de samenleving klinkt door dat er voor het bestuur enerzijds en de rechter anderzijds eigen taken zijn weggelegd die in essentie behouden kunnen blijven zoals ze in de loop der tijd zijn gegroeid. Ook is het kabinet, anders dan de werkgroep Van Kemenade, bereid om de hand in eigen boezem te steken en te bezien in hoeverre het bestuur zelf zijn kwaliteit, met name ook de juridische kwaliteit van de besluitvorming, kan verbeteren. In de ogen van het kabinet is nog niet vast te stellen dat de rechter op de stoel van het bestuur gaat zitten. Waar het om gaat, is dat de rechter het bestuurlijke primaat, met name in de gevallen dat er beleidsvrijheid voor het bestuur bestaat, respecteert. Bovendien mag van de rechter worden verwacht dat hij bij het bieden van individuele rechtsbescherming een evenwicht vindt tussen het specifieke belang van het individu in de desbetreffende casus en het algemeen belang van het bestuur op basis van objectieve gelijkheden. Het kabinet heeft de indruk dat er een probleem is gelegen in het gegeven dat bestuur en rechter in gescheiden werelden leven. In de ogen van het kabinet zouden die werelden dichter bij elkaar moeten worden gebracht om beter inzicht in elkaars taakopvatting te krijgen. Meer communicatie tussen bestuur en rechters is mogelijk een oplossing om een brug te slaan tussen de geconstateerde scheiding tussen de twee werelden.

In de pers is, nadat het kabinetsstandpunt over het rapport van Van Kemenade was verschenen, nog weer fermere taal gebezigd dan het kabinet gebruikte. Ad Melkert, fractieleider van de PvdA in de Tweede Kamer, liet samen met fractiegenote Marja Wagenaar in *Het Parool* van 31 maart 1999 weten het meer eens te zijn met de analyse van het rapport Van Kemenade dan met het kabinetsstandpunt daarover. Zij namen ook ferme standpunten in à la Van Kemenade als het er om ging de 'macht' van de rechter ter zake het openbaar bestuur terug te dringen. Opvallend is dat zich ook hier weer een sociaal-democraat in de rij schaart van critici van de rechterlijke macht. Na Van Kemenade en Peper is het nu Melkert die de door de eerste twee ingezette aanval op de rechterlijke macht voortzet. De opmerking in het kabinetsstandpunt dat de discussie er *niet* langer over zou moeten gaan dat de rechter zijn taak te buiten gaat, maar dat de discussie zich moet richten op de taak die de wetgever aan de rechter geeft, is kennelijk aan Melkert voorbijgegaan. Het gegeven van de rechtsstaat dat het overheidshandelen door de burger aan controle van de rechter moet kunnen worden onderworpen moet, zou je zeggen, toch ook de sociaal-democratie aanspreken. In de rechtsstaat gaat het niet alleen om het primaat van de politiek en het doorvoeren van democratisch genomen beslissingen, maar evenzeer om het primaat van het recht. Ongecontroleerde of niet voldoende gecontroleerde machtsuitoefening, ook door de overheid, zou een rechtgeaard sociaal-democraat een doorn in het oog en een slag in het gezicht moeten zijn. Waarom bestaat er zo weinig oog voor het belang van het recht bij sociaal-democratische voormannen als Van Kemenade, Peper en Melkert? Zou er meer in het algemeen niet aan politieke machthebbers de eis moeten worden gesteld dat zij notie hebben van het belang van het recht en het primaat van het recht in een democratische rechtsstaat?

Leven in een democratische rechtsstaat brengt leven met regels met zich mee. Leven met regels brengt weer met zich mee dat er een beroep op wordt gedaan, dat er een verschil van inzicht over kan ontstaan, dat de regels niet of niet goed worden nageleefd en dat er interpretatie over de betekenis van de regels kan ontstaan. Dat is 'all in the game' van de rechtsstaat. Sinds de jaren tachtig heeft zich een tweetal discussies afgespeeld rond het thema van regels: 'deregulering' en 'juridisering'. Onder invloed van het 'Thatcherism' en de 'Reaganomics' ontstond in de jaren tachtig in West-Europa en met name ook in Nederland aandacht voor het dereguleringsonderwerp. Minder wetgeving en minder regelstelling zijn goed voor de economie en beter voor de samenleving. In de jaren negentig kwam daaroverheen de juridiseringsdiscussie, over de vraag of de sociale relaties in onze samenleving niet te veel door het juridische worden overschaduwd en of niet te veel relationele problemen te snel in het juridische vlak worden getrokken zonder dat eerst wordt geprobeerd of in sociaal opzicht een oplossing te bereiken valt.

Van beide onderwerpen, zowel de deregulering als de juridisering, valt te zeggen dat het aanzwengelen van de problematiek niet tot een oplossing heeft geleid in die zin dat er minder regels zijn of minder rechtstoepassing plaatsvindt. Eerder het tegendeel. Wie een blik werpt in Nederlands bekendste wetteneditie, Schuurman en Jordens, zal al snel tot de conclusie komen dat de regelvloed geenszins tot staan is gebracht in de jaren tachtig en negentig. Er is veel geschreven en gediscussieerd over deregulering, er zijn normen aangereikt die erin voorzien dat wetten en regelmakers zich eerst moeten afvragen of er wel een wet of een regel moet komen, er zijn voorschriften gemaakt over de kwaliteit van wetgeving, er zijn wetgevingstoetsingscommissies opgericht, er zijn interdepartementale werkgroepen aan het werk gezet om de problematiek aan te vatten, er zijn interdepartementale coördinatie- en harmonisatieafdelingen opgericht om de zaak scherp in de gaten te houden, maar dit alles heeft in de verste verte niet geleid tot een indamming van de regelvloed. De verwachtingen waren wat dat betreft misschien wel wat te hoog gespannen. Ons systeem zit nu eenmaal zo in elkaar dat politici programma's hebben die moeten worden verwezenlijkt teneinde voor de volgende verkiezingen zodanig te kunnen scoren dat de machtsbasis gehandhaafd blijft. Uitvoering van politieke programma's komt doorgaans neer op het stellen van regels of het vervangen van de ene soort regels door andere, en maar zelden op het opheffen van regels zonder daar iets voor in de plaats te stellen.

Voorts leidt het politieke proces van het debat tussen regering en Tweede- en Eerste Kamer over nieuwe regels ertoe dat een wellicht ooit op een departement als mooi systeem bedachte wet vanuit de Tweede en Eerste Kamer wordt bestookt met amendementen, waardoor een voorgestelde wet meestal nog ingewikkelder en langer wordt dan al was voorzien. Zou ten slotte de rijksoverheid erin slagen een bepaald onderwerp niet te regelen, dan wel in een sobere regeling te voorzien, dan zijn er altijd nog tal van andere regelgevers die aan de slag kunnen: gemeenten, provincies, waterschappen, werkgeversorganisaties en vakbonden in CAO's, consumentenorganisaties en producenten, koepelorganisaties en platforms. Het vastleggen van de verhoudingen in de vorm van regels, reglementen en voorschriften is een onbedwingbare neiging in een egalitaire democratische rechtsstaat. Dat er op aanzienlijke schaal gedereguleerd zou kunnen worden, kunnen we dus beter maar vergeten.

Hetzelfde geldt voor de juridisering: ook daar is geen eer te behalen. Om te beginnen is het al moeilijk om een eenduidige begripsomschrijving van juridisering neer te zetten. C.J.M. Schuijt (NJB 1997, p. 926) heeft er al op gewezen dat juridisering vooral een gradueel begrip is: er is meer of minder juridisering in een samenleving en meer of minder juridisering op bepaalde rechtsgebieden. De discussie erover, zo verhaalde Schuijt verder, loopt snel op verwarring uit wanneer de ene gesprekspartner voornamelijk denkt aan louter juridische ordening (het is goed dat er rechtbanken zijn), maar de andere denkt aan de mate van ordening (het is niet goed dat iedereen maar met elk conflict naar de rechter loopt). Hij haalde het sprekende voorbeeld aan uit de *Staatscourant* van woensdag 5 juni 1996. In die aflevering werd een speech afgedrukt van de toenmalige minister Sorgdrager over juridisering in de maatschappij. In die speech liet mevrouw Sorgdrager zich positief uit over juridisering maar waarschuwde in dezelfde toespraak voor de overbelasting van de rechtspraak.

Beschouwen sommigen juridisering als een veelkoppig monster dat bedwongen moet worden, anderen zien het meer als een noodzakelijk gevolg van het wegvallen van andere vroeger vanzelfsprekende verbanden. Het bewust maken van afspraken, het sluiten van convenanten tussen individuen en groepen, is in de plaats gekomen van vanzelfsprekende sociale normen. Vanuit het openbaar bestuur is het juridiseringsdebat aangegrepen om te trachten de rol van de rechter, en daarmee de rol van het recht, te minimaliseren. Blijkens de hierboven weergegeven standpunten van sociaal-democratische leiders als Van Kemenade en Melkert is dit onderdeel van het debat ook nog niet uitgewoed. In het parlement zal nog discussie plaatsvinden over juridisering en de rol van het recht en de rechter in de relatie tussen openbaar bestuur en de burgers. Het is van groot belang dat bij dat debat de rol van het recht en het grote belang van de 'Rule of Law' niet uit het oog wordt verloren. Het openbaar bestuur is er voor de burgers en niet andersom. Het bestuursrecht geeft aan de burgers mogelijkheden om in het algemeen belang genomen openbare besluiten aan te vallen wanneer die besluiten hen als individu of als groep te sterk raken naar hun eigen opvatting. Dat is een legitiem standpunt van die burgers.

In een interview in het magazine voor juristen *Mr.* van juli 1999 wijst de voorzitter van de Afdeling bestuursrechtspraak van de Raad van State, mr. P.J. Boukema, op het volgende. Van de aloude trias politica, de scheiding tussen wetgever, bestuur en rechtspraak, is allang geen sprake meer. De rollen van wetgever en bestuur zijn meer en meer in elkaar verstrengeld geraakt. Door het fenomeen van de regeerakkoorden zijn meerderheden in Tweede- en Eerste Kamer gebonden aan het totstandbrengen van bepaalde wetgeving. Een onafhankelijke toetsing van door de regering voorgestelde wetten in het parlement vindt niet meer plaats, de regeringspartijen hebben zich nu eenmaal in het regeerakkoord vastgelegd op het scoren met een bepaalde regeling, zoals ik hierboven ook al opmerkte. Op gemeenteniveau zijn dezelfde mechanismen zichtbaar. De wetgevende en de uitvoerende macht vallen grotendeels samen.

Ook Scheltema, hoogleraar bestuursrecht en thans voorzitter van de Wetenschappelijke Raad voor het Regeringsbeleid, wees al eerder op dit punt. In zijn publicatie 'Wie stelt de wet: wetgever of rechter?' (1988) wees hij erop dat de waarborgkant van de wet, waarbij de positie van de burger in het geding is en waarvoor het parlement in ieder geval aandacht zou moeten hebben, naar de achtergrond verdwijnt vanwege afspraken die de meerderheid van het parlement met de regering heeft gemaakt. De geloofsbelijdenis van Paars I, inhoudende dat er meer dualisme zou moeten ontstaan in die zin dat regering en parlement meer hun eigen verantwoordelijkheden zouden moeten kennen en daarnaar zouden moeten handelen, heeft niet tot opzienbarende resultaten op dit punt geleid. Voorbeelden zijn er genoeg te vinden, maar het meest sprekende is wellicht dat van de Varkenswet. Minister van Landbouw in Paars I, Van Aartsen, moest tot en met de Eerste Kamer met dreigende taal komen, maar wist ten slotte de meerderheid van het parlement ervan te overtuigen dat er een wet op de beperking van het houden van varkens moest komen. De enkele kritische geesten in de Tweede en Eerste Kamer die wezen op de in de wet neergelegde moeilijkheden met betrekking tot eigendomsrechten van varkenshouders en het Europees Verdrag voor de Rechten van de Mens dat de varkenshouders bescherming biedt, moesten het onderspit delven tegen politiek geweld. Uiteindelijk moest derhalve de rechter weer in actie komen om hier de juiste correctie te doen plaatsvinden. Het verhaal is verder bekend: de rechterlijke uitspraken die de Varkenswet van Van Aartsen de das om deden, werden ook het einde van een kortstondig ministerschap van diens opvolger, Hajo Apotheker. Het primaat van de politiek werd hier gecorrigeerd door het primaat van het recht, een typische eigenschap van een democratische rechtsstaat.

We kennen in Nederland thans wel een dualistisch stelsel, maar dat is een ander dan hetgeen Paars I voor ogen had. Het dualisme zit hem in de tweedeling met aan de ene kant regering en parlement die door middel van regeerakkoorden aan elkaar geklonken zijn, en aan de andere kant de rechterlijke macht die door burgers gevraagd wordt om in partijdigheid gemaakte afspraken te toetsen aan de regels van, dikwijls internationaal, recht. Ik citeer nogmaals P.J. Boukema, die kan bogen op 23 jaar ervaring in de Raad van State, zowel met wetgeving als met rechtspraak: "Er is alle reden de onafhankelijkheid van de rechter te beklemtonen, als je ziet hoe de juridiseringsdiscussie door sommigen wordt aangegrepen om het primaat van de politiek voorop te stellen in die zin, dat de politiek het laatste woord heeft en de rechter zou moeten terugtreden. Tja, we hebben al eens de terugtred van de wetgever gehad en nu wordt ons dan de terugtred van de rechter aangepraat. Ik ben daar allergisch voor!"

Twee visies op het recht spelen op de achtergrond een belangrijke rol bij de juridiserings- en dereguleringsdiscussie. De ene visie, die populair is in kringen van openbaar bestuurders, is die op het recht als instrument om de samenleving te sturen. In deze visie is het recht niet meer dan een van de vele instrumenten in de gereedschapskist van de 'society engineer' die de politici en openbaar bestuurders zijn. Rechtsregels zijn noodzakelijke 'tools' om gestelde 'targets' te halen. That's all. De andere visie gaat uit van de waarborgfunctie van het recht. De overheid heeft in een samenleving als de onze ongekende macht ten opzichte van haar burgers. De overheid kan zich via de belastingen een groot deel van de inkomens van die burgers toe-eigenen, kan de burgers eigendom ontnemen, kan als enige in de samenleving legaal geweld tegen de burgers gebruiken, kan burgers in de gevangenis zetten, hun vrijheid ontnemen, hun huis uitzetten en tal van andere vormen van machtsuitoefening plegen. De essentie van een democratische rechtsstaat is dat al deze door de overheid te ondernemen activiteiten een basis moeten hebben in de wet, welke wet ook waarborgen schept ter bescherming van de burger tegen overheidsmacht. Bestuursrecht wordt in deze visie vooral gezien als waarborgrecht van de burger tegen een al te machtige overheid. De grondrechtelijke benadering van het openbaar bestuur heeft hier een grote invloed. Juist vanwege de afschuwelijke voorbeelden in de jongste geschiedenis, waarbij de overheid haar boekje ten opzichte van de burgers zwaar te buiten ging, is de waarborgfunctie van het recht ten opzichte van de staatsmacht een noodzakelijkheid. Recht kan niet alleen gezien worden als een instrument in de handen van de machthebbers, iedere machtsuitoefening moet onderhevig kunnen zijn aan controle en aan correctie. Dat is nu juist de essentie van democratie.

Machtsuitoefening door de overheid is in onze samenleving een gegeven. Maar machtsuitoefening door een meerderheid zonder respectering van waarborgnormen en zonder respectering van grondrechten van de minderheid levert geen democratie op. Ik zeg het de Raad van State in zijn jaarverslag over 1998 na: "Niet een sterk terugbrengen van de rechtsbescherming van de burger tegen de overheid of een drastische beperking van de toetsingsmogelijkheden van de rechter is de beste remedie tegen te ver doorgeschoten juridisering. Dat doorschieten kan het beste worden tegengegaan door verbetering van de kwaliteit van de wetgeving en de wijze waarop deze tot stand komt."

5

Cement

Waarom is het onverstandig dat publieke gezagsdragers als de minister-president, de vorige burgemeester van Rotterdam, thans minister van Binnenlandse Zaken, de commissaris van de Koningin van Noord-Holland en de fractievoorzitter van de Partij van de Arbeid in de Tweede Kamer de positie van het recht in de samenleving in de waagschaal stellen? Dat is zo onverstandig omdat zij daarmee een of meer van de belangrijke functies die het recht in de samenleving heeft veronachtzamen, met het risico dat het verband in de samenleving, dat toch al onder spanning staat, nog verder erodeert. Om deze stellingname beter te begrijpen, is het nodig om, na in het voorafgaande uiteengezet te hebben op welke terreinen men het al te losjes met het recht neemt, nu te kijken naar enkele functies die het recht in de samenleving kan vervullen.

In de rechtsstaat is eerst en vooral van belang de 'Rule of Law'. We worden geregeerd door de wetten van het recht, maar het recht zelf heeft, als het goed is, ook gezag. In de rechtsstaat is het gezag van het recht een waarborg voor de burgers tegen de macht die de overheid kan uitoefenen over die vrije burgers. De waarborgfunctie die in het recht verscholen ligt tegen ongecontroleerde machtsuitoefening, is een van de allerbelangrijkste verworvenheden van de vrije burgers in onze samenleving. De Algemene wet bestuursrecht geeft tegen deze achtergrond aan de burgers rechtsbescherming tegen het optreden van de overheid. Dat is uiteraard lastig als je overheid bent en je je aan die regels moet houden. Het vertraagt af en toe, het zet je de voet dwars, maar het is van het allergrootste belang om hieraan vast te houden. De Algemene wet bestuursrecht is er voor de burgers, niet voor het bestuur. Het Wetboek van Strafvordering is er voor de verdachten, niet voor justitie. De Wet op de arbeidsovereenkomst is er voor de werknemers, niet voor de werkgevers. Het huurrecht in het Burgerlijk Wetboek is er voor de huurders, niet voor de verhuurders. De regeling van de algemene voorwaarden in het Burgerlijk Wetboek is er voor de consumenten, niet voor de producenten. De mededingingswetgeving is er voor een eerlijke markt en niet voor de dominantie van enkele machtige bedrijven.

We zien het in veel rechtsgebieden terugkomen, die waarborgfunctie. Het gaat erom dat degene die in een bepaalde rechtsverhouding de zwakkere positie inneemt, zoals de burger ten opzichte van de overheid, de werknemer ten opzichte van de werkgever, de consument ten opzichte van de producent, door het recht beschermd wordt tegen die sterkere wederpartij. Nu wordt er in het openbaar bestuur veel gesproken over de horizontalisering van dat bestuur, over het wegvallen van de hiërarchische bestuursstructuren, over het wegvallen van het natuurlijk gezag van de overheid en zo meer. Er zijn hele nieuwe bestuursvormen ontwikkeld die ook wel luisteren naar de naam horizontaal bestuur of onderhandelend bestuur. Deze bestuursvorm doet vermoeden dat er sprake is van een gelijkwaardige situatie tussen de overheid en de bestuurde. Dat is echter een misverstand. Er is geen gelijkwaardige situatie tussen de overheid en de burger. De overheid blijft beschikken over het geweldsmonopolie, blijft beschikken over machtsinstrumenten als het wel of juist niet geven van een vergunning, als het uitoefenen van bestuursdwang en het met de sterke arm uitvoeren van bestuursbesluiten. Onderhandelingen met burgers, groepen burgers of bedrijven over bepaalde bestuurlijke doeleinden spelen zich altijd af 'under the shadow of the law' in die zin dat de overheid een wet of een regeling kan maken, waarin zij hetgeen in de onderhandelingen wordt beoogd te bereiken, kan afdwingen.

In de geordende samenleving waarin wij leven is het ook noodzakelijk dat de overheid over sterke bevoegdheden beschikt. Zeker in een land als Nederland met een omvangrijke bevolking op een klein grondgebied is het noodzakelijk dat op het gebied van het onderwijs, de zorg, de infrastructuur en het verkeer, de arbeid en de sociale zekerheid, de overheid sterk regulerend optreedt. Maar daarbij moet nooit de waarborgfunctie van het recht uit het oog verloren worden. Juist om geloofwaardig te zijn als overheid is het noodzakelijk om het recht het volle pond te geven, en dan met name het recht waar het gaat om waarborgen tegen machtsuitoefening.

Behalve dat het recht een *waarborgfunctie* heeft, heeft het ook een *instrumentele* functie. Dat is de functie die in de ogen van veel openbaar bestuurders de meest aangename is. Als je een bepaalde doelstelling wilt bereiken, discussieer je daarover in de representatieve democratische organen als Tweede Kamer, Eerste Kamer, Provinciale Staten of gemeenteraad. Na het gevoerde debat stel je de regeling vast in de vorm van een wet, een regeling of een verordening. Met gebruikmaking van een juridisch instrument kun je beleidsdoelen realiseren. Als je bijvoorbeeld wilt dat het aantal verkeersdoden daalt en uit wetenschappelijk onderzoek is gebleken dat het verplicht stellen van een autogordel daarbij kan helpen, dan maak je een regeling waarbij de autogordel verplicht wordt. Als het helpt om bromfietsers een helm op te laten zetten om op de kosten van de gezondheidszorg te besparen en om de veiligheid van deze verkeersdeelnemers te vergroten, dan komt er een regeling die bromfietsers verplicht om een helm op te zetten. Als je vindt dat varkersboeren te veel mest produceren waardoor het milieu in gevaar komt, dan maak je een wet waarin je mestvoorschriften neerlegt. Als dat niet helpt, maak je een nieuwe wet waarin je het aantal te houden varkens aan quotumvoorschriften vastknoopt. Maar daar staat dan altijd weer de waarborgfunctie van het recht tegenover: je kunt niet zonder meer verworven rechten van varkensboeren afnemen zonder vergoeding. Dat komt in strijd met het Europees Verdrag voor de Rechten van de Mens, waarin bijvoorbeeld in het eerste protocol het eigendomsrecht is geregeld.

De 'natuurlijke' neiging van politici en openbaar bestuurders om de instrumentele functie van het recht te benadrukken en de waarborgfunctie van het recht te bagatelliseren, moet met kracht worden bestreden. Alvorens te worden toegelaten tot het openbare ambt zouden openbaar bestuurders er blijk van moeten geven doordrongen te zijn van het belang van de waarborgfunctie van het recht. Zij die een openbare functie bekleden, moeten bereid zijn tot en openstaan voor controle, ook door individuele burgers. Dat de individuele burgers of groepen van burgers daarbij de vorm van het proces kiezen omdat de wetgeving daarin voorziet, is ook niet bedreigend. Erkenning van de waarborgfunctie door openbaar bestuurders zal juist in toenemende mate leiden tot betere kwaliteit van de besluiten die zij nemen. Alleen door burgers het volle pond te geven en de waarborgfunctie voor de volle 100 procent te erkennen, zal het vertrouwen van de burgers in hun overheid toenemen. Door de instrumentele functie van het recht te overbelichten en de waarborgfunctie te onderbelichten, ontstaat bij de burgers wantrouwen. Openbaar bestuurders zouden juist de kracht moeten inzien van volledige erkenning van de waarborgfunctie van het recht, waarmee zij hun voordeel kunnen doen bij de implementatie van het door hen zo gewenste beleid. Maar er zijn nog meer functies van het recht te onderkennen waarvan het van belang is dat de openbaar bestuurders ervan nota nemen.

Een functie van het recht die vooral door de rechtssocioloog Toon Peters is benadrukt, is die van het *projectmatige* van het recht. Het recht moet gezien worden als een project. Het recht is niet een product dat, als het eenmaal in *het Staatsblad* of in een ander publicatieblad heeft gestaan, af is. Dan begint het pas. Gebruikmaking door burgers van hun rechten hoort bij de gedachte dat het recht als een project moet worden gezien. Deze gedachte is te illustreren aan de hand van het voorbeeld van de nieuwe fiets. Iemand die na rijp beraad een mooi, duur, stevig, nieuw rijwiel heeft gekocht, zal dit rijwiel niet meteen op de eerste dag tegen de muur kwakken als hij geparkeerd moet worden. De mooie nieuwe fiets wordt in de eerste periode van gebruik netjes gestald. Hij wordt op de standaard gezet, de nieuwe eigenaar loopt er nog eens omheen, geniet ervan, kijkt ernaar, maar gebruikt hem ook. Pas na verloop van tijd wordt het gebruik van deze nieuwe prachtfiets zo eigen dat er gemakkelijker mee wordt omgegaan. Dan verschijnen uiteraard ook de eerste krasjes op de nieuwe fiets en de eerste defecten. Zo gaat het ook met een nieuwe wet. Een wet heeft dikwijls al een lange voorgeschiedenis voordat hij in *het Staatsblad* heeft gestaan, maar zoals daareven al gezegd, dan begint het pas. De burgers gaan met een nieuwe wet werken en daarbij hoort dat zij ook gebruik maken van de mogelijkheden die een nieuwe wet hun biedt. Maar ze kunnen uiteraard het gebruik van een nieuwe wet ter discussie stellen. Door de nieuwe wet, kortom, komt er communicatie tot stand. Er vindt communicatie plaats tussen de doelgroepen waarop een wet zich richt en de overheid die moet toezien op de naleving van een wet. Wie het recht als een project ziet waarin door communicatie tussen de afzender (overheid) en de geadresseerde van de nieuwe regels (burgers) de doelstelling van het project naderbij wordt gebracht, heeft een verstandig oog voor de projectmatige functie van het recht.

Ten slotte valt in dit kader nog te wijzen op de *emancipatorische* functie van het recht. Met recht kan de samenleving worden veranderd, kunnen groepen en/of individuen die eerst weinig of geen positie hadden tot een gelijkwaardige positie in de samenleving worden gebracht. Dat kan natuurlijk niet alléén door het recht gebeuren. Als een emancipatiegedachte geen enkele weerklank in de samenleving vindt, zal een rechtsregel die een dergelijke gedachte inhoudt ook niet tot leven komen. Maar het recht kan wel degelijk een aanjaagfunctie vervullen bij het totstandbrengen van emancipatie van achtergestelde of onderliggende groepen. Gelijke behandeling van mannen en vrouwen op de arbeidsmarkt is nog steeds niet volledig gerealiseerd – het gemiddelde loon van vrouwen is bijvoorbeeld lager dan dat van mannen – maar de wetgeving hieromtrent die de laatste 20 jaar tot stand is gekomen, vooral op Europese instigatie, is wel degelijk van groot belang gebleken voor de emancipatie van vrouwen op de arbeidsmarkt. Hetzelfde kan bijvoorbeeld gezegd worden voor de acceptatie van mensen met homoseksuele geaardheid. Het bestaan van de Algemene wet gelijke behandeling sinds 1994 heeft de acceptatie van homoseksuelen niet veroorzaakt, maar het heeft het proces wel geholpen. Dat Nederland binnenkort vermoedelijk als een van de eerste landen ter wereld het homohuwelijk in de wet zal neerleggen, is alleen te begrijpen tegen de achtergrond van eerdere regelingen in de sfeer van de gelijke behandeling van homo- en heteroseksuelen.

Ik heb hierboven gewezen op een aantal functies van het recht: de waarborgfunctie, de instrumentele functie, het recht als project, de communicatieve functie van het recht en de emancipatorische functie van het recht. Het is niet mijn bedoeling om hier een uitputtend exposé over de functies van het recht te geven, maar duidelijk mag hiermee wel geworden zijn dat het recht een belangrijke *samenklevende kracht* vertegenwoordigt in de samenleving. Wie valt voor de metafoor van de bouw en het gebouw, kan dan zeggen dat het recht in het gebouw dat de democratische rechtsstaat uitmaakt, onmisbaar is als cement om de verschillende stenen samenhangend te stapelen en de verschillende lagen van het gebouw op elkaar te krijgen en met elkaar in verbinding te houden. In de Den Uyllezing 1998 heeft Willem Witteveen, hoogleraar in het recht aan de Katholieke Universiteit Brabant, onder de titel 'De rechtsstaat als beginsel' nog eens aandacht gevraagd voor de rol van het recht in onze rechtsstaat. In onze rechtsstaat moeten niet alleen de ingezetenen zich aan het recht onderwerpen, maar ook de overheid. In onze rechtsstaat is de overheid gebonden aan maat en regel. Er moet een wettelijke grondslag zijn voor het beleid. De uitvoering van het beleid wordt onderworpen aan allerlei vormen van controle door bestuurlijke organen, door rechters en door media. Ook formuleerde Witteveen vuistregels voor rechtsstatelijkheid. Politici en openbaar bestuurders zouden wat mij betreft een aantal van deze vuistregels moeten inlijsten en boven hun bed hangen. Bijvoorbeeld de vuistregel dat de overheid werkt voor het belang van de leden van de samenleving. Het is het beginsel van de dienende overheid, een beginsel dat vooral ook door de huidige voorzitter van de WPR, de vroegere hoogleraar bestuursrecht Scheltema, onder woorden is gebracht. Het gaat bij de werkzaamheden van de overheid nooit om een doel in zichzelf, maar om het zo goed mogelijk bevorderen van het belang van de leden van de samenleving. Wetten worden pas opgesteld na zorgvuldige analyse van de doelen en middelen en van de sociale context waarin de wetten moeten worden gebruikt. Legitimiteit van beleid en regelgeving is belangrijker dan legaliteit; beleid en regel-geving vereisen een communicatieve strategie. Als deze in vuistregels neergelegde gedachten goed zouden worden gekend en onderschreven door onze politici en openbaar bestuurders, dan zouden zij ook overtuigd zijn van het grote belang van het recht als cement in onze samenleving.

Juristen en rechters spelen, gezien het grote belang van het recht in de samenleving, uiteraard een rol van betekenis. Met name de rol van de rechter heeft de afgelopen 30 jaar een opmerkelijke verandering ondergaan. Staken, kraken, abortus en euthanasie, het zijn even zovele politieke als juridische onderwerpen geweest. Op het gebied van het staken heeft de rechter zelfstandig het geheel van regels ontwikkeld, nu de wetgever daar geen rol van betekenis heeft gespeeld. Zowel voor stakingen in de particuliere sector als voor die bij de overheid heeft de rechter criteria en spelregels ontwikkeld waaraan in voorkomende gevallen stakingsacties worden getoetst. Het is een van die beroemde onderwerpen waar de politiek niet uitkwam en waar de rechterlijke macht is ingesprongen. Hetzelfde kan gezegd worden over kraken, euthanasie en abortus. Ten aanzien van deze onderwerpen is de wetgever uiteindelijk wel regulerend opgetreden, maar pas nadat de piketpaaltjes van de totstandgebrachte regelingen in de rechtspraak in de grond waren geslagen. Bij staken en kraken is die rechtspraak veelal in kort geding totstandgekomen, bij euthanasie en abortus waren het de strafrechters die de kastanjes uit het vuur haalden. De bestuursrechter heeft in de afgelopen 40 jaar de beginselen van behoorlijk bestuur ontwikkeld die uiteindelijk in de Algemene wet bestuursrecht een plaats hebben gevonden. Het motiveringsbeginsel, het vertrouwensbeginsel, het zorgvuldigheidsbeginsel, opgewekte verwachtingen die gehonoreerd dienen te worden enzovoort enzovoort. De rechtsvormende taak van de Hoge Raad, de Centrale Raad van Beroep en de Raad van State (in zijn hoedanigheid van rechtsprekende macht) zijn legendarisch geworden. Het heeft geleid tot de beroemde uitspraak van de helaas vroeg overleden raadsheer in de Hoge Raad Verburgh dat de rechter als wetgeverplaatsvervanger is gaan optreden.

Hoewel de Nederlandse rechter volgens onze Grondwet niet het recht heeft om wetten aan de Grondwet te toetsen, is er een uiterst belangrijke rol voor de rechter weggelegd nu hij wel wetten aan internationale verdragen mag toetsen. Op deze wijze komen tal van politieke problemen op het bord van de rechter terecht. Wat dat betreft gaat het in Nederland, hoewel wij een totaal ander systeem hebben, toch de Amerikaanse kant op. Alexis de Tocqueville verbaasde zich 150 jaar geleden over de Verenigde Staten met de opmerking: "Scarcely any political question arises in the United States that is not resolved, sooner or later, in a judicial question." De Betuwelijn, Schiphol, de varkensboeren, de mestproblematiek, de nachtsluiting van Ypenburg, ook in Nederland kunnen we hele reeksen van politieke besluiten en beslommeringen noemen die op het bord van de rechter belanden. Het feit dat burgers de rechter benaderen om de problematiek die zij gevoelen als gevolg van politieke besluitvorming aan hem voor te leggen, geeft ook alweer aan hoezeer het vertrouwen van de burgers in de rechterlijke macht aanwezig is. Het geeft ook aan hoezeer men ziet dat de rechterlijke functie er een is die mogelijk oplossingen kan bedenken voor geschillen tussen hen en de overheid. Zoals al gezegd, veel van de rechtspraak vindt plaats in kort geding. Het is juist de kortgedingrechtspraak waarbij de rechter zich dikwijls, zoals dat wel wordt uitgedrukt, als 'dorpsoudste' opstelt. In veel kort gedingen probeert de rechter niet in de eerste plaats en zonder meer het geschil te beslechten, maar zal hij eerst proberen om een oplossing te bereiken waar beide partijen mee verder kunnen. Het frequente beroep dat burgers op de rechter doen om ook geschillen met de overheid op te lossen dan wel daar een beslissing over te nemen, geeft aan hoeveel vertrouwen er bestaat in het recht, de rechtsstaat en de rol die de rechter daarbij speelt. De rechterlijke macht heeft zich ontpopt van een tamelijk onzichtbare, nauwelijks verstaanbare taal schrijvende en sprekende elite-instantie bemand door mensen uit de 'hogere klasse', tot een gemakkelijk benaderbare en begrijpelijke taal sprekende en schrijvende instantie die een onafhankelijk oor leent aan in de knel geraakte burgers. Door te suggereren, zoals Van Kemenade deed bij de presentatie van zijn rapport en daarna in interviews in de pers, dat de rechter op de stoel van de bestuurder gaat zitten in het uitoefenen van zijn werk, wordt een bewuste poging gedaan om de zich uitbreidende rol van de rechterlijke macht te breidelen. Nu burgers en groepen burgers uit arren moede wegens gebrek aan communicatie met hun overheid een onafhankelijke instantie benaderen om oplossingen te bedenken dan wel geschillen te beslechten, wordt die onafhankelijke instantie door de openbaar bestuurders in de hoek gezet. Dat geeft aan dat men niet voldoende zicht heeft op de belangrijke functie van cohesie die het recht en de rechter in de samenleving hebben.

6

Recht uit de ramsj

In de vorige hoofdstukken hebben we kunnen zien hoe door toedoen van politici en openbaar bestuurders het recht in de ramsj terechtkomt. Het recht wordt niet meer beschouwd als een eersteklas product dat van levensbelang is voor het functioneren van onze democratische rechtsstaat. In mijn ogen heerst in de democratische rechtsstaat het primaat van het recht naast het primaat van de politiek. Die notie is, zo lijkt het, dezer dagen onvoldoende doorgedrongen in de hoofden van veel openbaar bestuurders en politici.

Laten we nog één keer kijken hoe bijvoorbeeld de fractievoorzitter en een Tweede-Kamerlid van de Partij van de Arbeid tegen de rechterlijke macht aankijken. In een al eerder aangehaald artikel in *Het Parool* van woensdag 31 maart 1999 schrijven zij dat de benoemde rechter niet het werk van een democratisch gekozen openbaar bestuur over moet doen. De rechter moet zich beperken tot marginale toetsing van besluiten. Volgens Melkert en Wagenaar treedt de rechter op dit moment te veel in bevoegdheden en deskundigheden die verder gaan dan de formeel juridische. Vervolgens worden in het krantenstuk enkele voorbeelden genoemd van rechterlijke beslissingen die het afgrijzen van de beide Kamerleden hebben opgeroepen. Afgrijzen wordt bij hen bijvoorbeeld opgeroepen door uitspraken waarin de rechter een klein onderdeel van een besluit afwijst waardoor het hele besluit naar de prullenbak wordt verwezen. Ook wordt genoemd het voorbeeld van de herindeling van de gemeente Den Haag. Hierover berichtte ik uitgebreid in hoofdstuk 2. Melkert en Wagenaar schrijven in *Het Parool*: "Omdat de ondernemingsraden in de buurgemeenten niet waren geraadpleegd, ging de hele herindeling niet door. Hier is het evenwicht zoek." Vervolgens pleiten Melkert en Wagenaar voor een bescheidener rol van de rechter en steken de hand in eigen boezem door te zeggen dat de kwaliteit van wetgeving en regelgeving wel beter kan, zodat dan het beroep op de rechter vermoedelijk zal verminderen. Verder schrijven zij: "De wetgeving die de Tweede Kamer op haar bordje krijgt, blinkt niet altijd uit in eenvoud of juridische helderheid. Het leidt soms tot grote verwarring bij betrokken burgers en organisaties, zodat de rechter eraan te pas moet komen om aan te geven wat de wetgever – en dat zijn wij uiteindelijk ook – precies heeft bedoeld." Wij leren aan de studenten dat in Nederland de wetgever bestaat uit de regering *en* het parlement. Kritiek van Tweede-Kamerleden op onduidelijkheden in wetgeving is een gotspe. Zij zitten er zelf bij en hebben volgens de regels van ons staatsrecht een uiterst belangrijke rol te spelen, nu ze samen met de regering wetten moeten maken. Verderop in het Parool-stuk wordt door de auteurs gesteld dat "we onze rol als medewetgever systematischer moeten oppakken". Kennelijk zweeft er ergens wel de notie dat Tweede-Kamerleden een zekere verantwoordelijkheid hebben voor de kwaliteit van de wetgeving.

Blijkt uit de opmerkingen in het Parool-artikel een zwakke rolopvatting als medewetgever, de hierboven geciteerde opmerking over de rechter en de ondernemingsraden in het kader van de herindeling van de gemeente Den Haag is feitelijk onjuist. De auteurs lijken de mening aan te hangen dat, doordat de ondernemingsraden niet waren geraadpleegd, de hele herindeling niet doorging. Daarmee wordt gesuggereerd dat een kleine procedurefout van de openbaar bestuurders onevenwichtig grote gevolgen heeft. Daar zit een wereld van onbegrip achter. In de eerste plaats moge duidelijk zijn dat de gemeente Den Haag en de andere buurgemeenten aan hun ondernemingsraden advies hadden *moeten* vragen, omdat de wet dat nu eenmaal voorschrijft. Bovendien gaat het om *advies*, ondernemingsraden hebben hier niet te beslissen. Voorts is het geenszins juist dat de hele beslissing niet doorgaat. Als het advies van de ondernemingsraden is ingewonnen, kan de overheid vervolgens verder besluiten zoals ze wil. Ze moet uiteraard wel kenbaar maken dat ze het advies van de ondernemingsraden heeft gelezen, en moet motiveren, *als* ze afwijkt van dat advies, waarom ze dat doet. Dat is een kwestie van recht en fatsoen.

Het moge duidelijk zijn dat ik me zorgen maak over de perceptie van het recht bij politici en openbaar bestuurders. Het openbaar bestuur heeft in onze democratische rechtsstaat een ongekende macht. Op het gebied van de zorg, het welzijn, het onderwijs, de huisvesting, de ruimtelijke infrastructuur, verkeer en vervoer en op het gebied van de arbeid zijn de invloed en de macht van de overheid ten opzichte van de individuele burgers groot. We hebben gezien dat één van de controlerende machten in de trias politici niet meer (goed) werkt. Door afspraken over regeerakkoorden op landelijk, provinciaal en gemeentelijk niveau is de controlefunctie van de de Tweede Kamer, Provinciale Staten en gemeenteraden tandeloos geworden. De machthebbende coalitiepartijen kunnen immers de gemaakte afspraken met behulp van bestaande meerderheden doorduwen. Tegen deze achtergrond is het dan terecht dat in onze rechtsstaat de rechterlijke macht de rol toebedeeld heeft gekregen om de controle uit te oefenen die nu eenmaal in een democratische staat bij machtsuitoefening hoort.

Nederland staat ook niet alleen in deze ontwikkeling. In de zomermaanden van 1999 stond in het Engelse tijdschrift *The Economist* een belangwekkende serie over problemen in moderne westerse democratieën. Een van de bijdragen in deze serie was gewijd aan de opmerkelijke groei en de verschillende vormen van juridische controle van het openbaar bestuur. Vastgesteld wordt in die bijdrage, onder de pakkende titel 'The gavel and the robe' dat in landen zoals Frankrijk, Duitsland, Italië en de meeste andere Europese landen er twee belangrijke soorten van controle op het openbaar bestuur bestaan. In de eerste plaats is er in een aantal landen de toetsing van wetgeving door een constitutioneel hof van benoemde (en niet gekozen) rechters. In de tweede plaats vindt in veel landen in enigerlei vorm administratieve rechtspraak plaats waarin concrete beslissingen van openbaar bestuurders ten aanzien van burgers door rechters worden getoetst. Een constitutioneel hof kennen we in Nederland niet, anders dan bijvoorbeeld in Duitsland. Dat neemt overigens niet weg dat ook in Nederland door regering en parlement opgestelde wetten door de rechter kunnen worden getoetst. Toetsing vindt in Nederland plaats aan internationale verdragen, door dikwijls de gewone burgerlijke rechter. Zo sneuvelde de Varkenswet van minister Van Aartsen, omdat hij in strijd was met het Europees Verdrag voor de Rechten van de Mens. Naast toetsing van wetten kennen ook vrijwel alle Europese landen in toenemende mate toetsing van concrete besluiten door administratiefrechtelijke instanties. *The Economist* meldt dat ondanks voortdurende aanvallen op de legitimiteit van juridische controle een enorme bloei hiervan heeft plaatsgevonden in westerse democratieën in de laatste 50 jaar. Deze trend die is gezet in westerse democratieën, wordt ook zichtbaar in Centraal- en Oost-Europa. De rol van het recht, en daarmee de rol van de rechter in de samenleving, heeft sinds de tweede wereldoorlog enorm aan belang gewonnen. Dat is onvermijdelijk gebleken. Ik citeer *The Economist*: "The expansion of the modern state has seemed to make administrative review inevitable. The reach of government, for good or ill, now extends into every nook and cranny of life. As a result, individuals, groups and businesses all have more reason than ever before to challenge the legality of government decisions or the interpretations of laws. Such challenges naturally end up before the courts."

Zoals al eerder gezegd, er is tot nu toe geen empirisch materiaal aangedragen dat erop duidt dat de rechterlijke macht in Nederland te ver gaat bij de uitoefening van de waarborgfunctie. Zij past de wet toe. De leden van de rechterlijke macht zijn gesteld op zorgvuldigheid en precisie. Dat brengen hun opleiding en professionaliteit met zich mee. Als er dus besluiten en regelingen ter toetsing worden voorgelegd die mank gaan aan zorgvuldigheid en precisie, en helaas is dat nogal eens het geval, dan zal het openbaar bestuur dat verantwoordelijk is voor deze rammelende besluitvorming ervan langs krijgen. Bekend is dat vele gemeenten in de eerste jaren van de zogenaamde Wet AROB (Wet administratieve rechtspraak overheidsbeslissingen) er bij de Afdeling rechtspraak van de Raad van State flink van langs kregen. Aantekening verdient daarbij dat uiteraard ook de rechterlijke macht niet onfeilbaar is. Ook daar zullen bij het hakken spaanders vallen. Maar nimmer is door het openbaar bestuur aangetoond dat op grond van een onderzoek naar de praktijk van de rechtspraak de stelling gehandhaafd kan worden dat de rechterlijke macht te veel ingrijpt in de vrijheden van het bestuur.

De vrijheden van het openbaar bestuur zijn in onze sociale rechtsstaat groot. Veel wetten en regelingen kennen zogeheten discretionaire bevoegdheden. Dit zijn bevoegdheden waarbij de overheid een grote mate van invullingsvrijheid heeft bij het uitvoeren van de regeling. Die invullingsvrijheid wordt door de rechtspraak erkend, maar zij wordt getoetst aan beginselen van behoorlijk bestuur die in essentie niet anders zijn dan fatsoensbeginselen. In de rechtsstaat staat niemand boven de wet en boven het toepassen van fatsoensbeginselen, ook de overheid zelf niet. Het is daarom van het grootste belang dat de overheid zelf, belichaamd door openbaar bestuurders, politici en de daarmee verbonden ambtenaren, het grote belang van het recht voor het functioneren van de rechtsstaat blijft inzien en naar deze inzichten handelt.

Het is ook van belang om vast te stellen dat het niet om eenrichtingsverkeer gaat. De overheid moet zich aan de wet houden, moet de wet handhaven, moet zich redelijk en fatsoenlijk ten opzichte van haar burgers gedragen en moet erkennen dat het recht een belangrijke rol speelt als cement in de samenleving. Daarbij moet ook erkend worden dat de beoefenaren van het recht, juristen, advocaten en rechters, een noodzakelijke rol spelen die de kwaliteit van de samenleving bevordert. Het gaat niet aan het recht te zien als een noodzakelijk kwaad en de beoefenaren ervan slechts te tolereren als formalistische lastpakken die altijd wel een probleem bij een oplossing weten te verzinnen.

Op hun beurt moeten uiteraard de juristen, advocaten en rechters zich ook redelijk en fatsoenlijk gedragen. Hetzelfde geldt voor de burgers en groepen van burgers. Maar hier valt nog wel een kanttekening bij te plaatsen. In de verhouding tussen de overheid en de burgers is niet zonder meer sprake van gelijkwaardige verhoudingen. Het gaat om machtsverhoudingen waarbij de overheid meer macht heeft dan de individuen. Het is juist daarom dat er bestuursrecht en strafrecht is ontwikkeld waarbij aan de individuen grote bescherming wordt toegekend, te controleren door de rechter. De verhouding tussen de overheid en de burger is niet zonder meer een horizontale wederkerige verhouding. Het is een verhouding waarin de een meer macht heeft dan de ander, en waar het recht een correctie pleegt. Als tegenwicht tegen de macht van de een geeft het recht aandacht aan de ander. In het arbeidsrecht en in de arbeidsverhoudingen noemen we dat wel 'countervailing powers'. Door het bestaan van 'countervailing powers' is het mogelijk dat er evenwicht in de van nature ongelijke verhouding ontstaat. Het is juist dit evenwicht waarnaar, ook in de ogen van de politiek, moet worden gestreefd. Het bereiken van evenwicht tussen de machten en de krachten die onze samenleving uitmaken is alleen mogelijk als er respect bestaat voor het recht en de waarborgfunctie die daarin verscholen ligt.

Dit was het verhaal over hoe het recht in de ramsj dreigt te raken. Wat daaraan te doen? Het onderschrijven van mijn analyse kan een gezamenlijk vertrekpunt betekenen. Van groot belang is verder de erkenning over en weer door openbaar bestuur en rechters van de onderscheiden domeinen waarop zij opereren. Rechters besturen niet en politici 'rechteren' niet. Het bestuur en de politiek bedenken plannen, maken wetten, voeren die uit, handhaven zo veel als maar mogelijk, en gedragen zich (zo) consistent (mogelijk). Rechters toetsen de wetten aan het (internationaal) recht en beoordelen hun voorgelegde concrete besluiten aan de hand van de wet en beginselen van behoorlijk bestuur. Rechters passen het recht toe, de politiek erkent naast haar eigen primaat dat van het recht en onderschrijft volledig de gedachte inzake de 'Rule of Law'.

Verder zal moeten worden voortgegaan op de weg van de dualisering van de politiek. Daarmee doel ik op de gedachte die onder meer ook door professor D.J. Elzinga is uitgedragen in zijn 'Burgemeesterslezing' van 13 september 1999 in Den Haag. De scheiding van machten werkt niet meer goed. Zoals ik al eerder aangaf op blz. 110 vallen, door de gevormde machtscoalities, de wetgevende en uitvoerende macht grotendeels samen. De controlerende functie van het parlement (lokaal: gemeenteraad, Provinciale Staten) komt niet meer voldoende tot haar recht. Of in de woorden van Elzinga: 'De grote onderlinge verwevenheid van parlement en regering zou moeten worden bestreden. Ontvlechting van politieke posities – een nieuwe en frisse scheiding van politieke machten – in combinatie met adequaat leiderschap moet derhalve het parool zijn.'

Mede omdat er onvoldoende parlementaire controle op de machtsuitoefening plaatsvindt, wenden burgers zich in groten getale tot de derde macht: de rechter. Indien we erin slagen het parlement, en zijn lokale pendanten, werkelijk een controlerende functie terug te geven, waarin burgers vertrouwen kunnen hebben, is het denkbaar dat er minder een beroep op de controlerende functie van de rechter zal worden gedaan. Maar ook in die situatie blijft vereist een volledige erkenning door de uitvoerende macht van de waarborgfunctie van het recht. Het recht is tenslotte te kostbaar om te worden verramsjt.

Geraadpleegde geschriften

Algemene Rekenkamer, Groeicijfers Schiphol, oktober 1998

J.T.K. Bos, G.M. Giesen, J. de Groot en F.C.M.A. Michiels, Handhaving van het bestuursrecht, Vereniging voor Administratief Recht, mei 1995

Joop Bouwma, Toga wil respect, interview met mr. Harry van den Haak, president gerechtshof Amsterdam, Trouw, 11 maart 1999

A.F.M. Brenninkmeijer, Gedeelde rechtsorde, oratie Universiteit Leiden 1998

M.A.P. Bovens, De digitale rechtsstaat, beschouwingen over informatiemaatschappij en rechtsstaat, november 1998, oratie Universiteit Utrecht

P.J.J. van Buuren, Gedogend besturen, Deventer, 1988

L.J.A. Damen, Van rechtsstaat naar rechtersstaat? De bestuursrechter onder vuur, deel I en II, Trema, 1998, nr. 8 en 9

The Economist, The Gavel and the robe, 7 augustus 1999, p. 27 e.v.

D.J. Elzinga, Burgemeesterslezing 1999 Den Haag, Parool 14 september 1999

H.R. van Gunsteren, De strijd tussen politiek en rechterlijke macht, rede uitgesproken op het congres van de Nederlandse Vereniging voor Rechtspraak op 9 oktober 1998, Trema 1998, nr. 10

Frank Hendriks, Theo Tonen en W.Tops (red.), Schikken en plooien, de stroperige staat bij nader inzien, Van Gorcum, 1998

P.F. van der Heijden, Recht in de ramsj, Nederlands Juristenblad, 1998, p. 1627 e.v.

P.F. van der Heijden, Het primaat van de Ondernemingskamer, in: P. Ingelse (red.), De Ondernemingskamer, Prinsengrachtreeks, 1998, nr. 1

P.F. van der Heijden, De rechter en bestuurlijke ongehoorzaamheid, Nederlands Juristenblad, januari 1999, p. 11-12

E.M.A. Hirsch Ballin, Controversieel bestuursrecht, Nederlands tijdschrift voor Bestuursrecht, 1999, 3.

A.J. Hoekema en N.F. van Maanen, Pluriformiteit rechtsstaat en sociale cohesie, Tijdschrift voor Rechtsfilosofie en Rechtstheorie, 1998, p. 33 e.v.

Kamerstuk 25.085, Gedogen in Nederland
Kamerstukken 25.897, Ontslag voorzitter College Procureurs-Generaal
Kamerstuk 25.466, Geluidzones rond Schiphol
Kamerstukken 26.024, Regeerakkoord 1998
Kamerstuk 26.294, Toezeggingen aan getuigen in strafzaken

J.A. van Kemenade e.a., Bestuur in geding, rapport van de werkgroep inzake terugdringing van de juridisering van het openbaar bestuur, november 1997

J.A. van Kemenade, Het recht van het bestuur, Nederlands Juristenblad, januari 1999, p. 12-13

A. Melkert en M. Wagenaar, Evenwicht tussen de rechterlijke en politiek macht te vaak zoek, Parool 31 maart 1999

M. Otten, Kanttekeningen bij de voorgenomen regeling van de kroongetuige, Nederlands Juristenblad, 1999, p. 113

Anina Penders, Terugtreden bestuursrechter principieel onjuist, interview met P.J. Boukema, voorzitter Afdeling bestuursrechtspraak Raad van State, Mr., juli 1999, p. 24 e.v.

A.A.G. Peters, Recht als project, Ars Aequi 1979, p. 881 e.v.

J.E.M. Polak, Bestuursrechter of burgerlijke rechter, diss. UvA, Deventer 1999

Pres. Rechtbank Amsterdam, 30 november 1998 (mr. Allewijn), Jurisprudentie Bestuursrecht, 1999/22

Pres. Rechtbank Amsterdam (mr. Gisolf), 18 maart 1999, Platform Vliegoverlast tegen de Gemeente Amsterdam (niet gepubliceerd)

Raad van State, Jaarverslag 1998

M. Scheltema, Wie stelt de wet: wetgever of rechter?, Mededelingen KNAW nr 52, 1988

P.J.M. von Schmidt auf Altenstadt, Verhoogde dijkbewaking, Jaarrede deken Nederlandse Orde van Advocaten, 25 september 1998, Advocatenblad, 1998, p. 1023 e.v.

C.J.M. Schuijt, Bronnen van juridisering en hun confluentie, Nederlands Juristenblad, 1997, p. 925 e.v.

H.J. Simon, Bestuursrecht en mensenrechten, top-down of bottom-up?, Nederlands Juristenblad, 1999, p. 117 e.v.

L.J.M. Sprengers, Medezeggenschap bij de overheid, diss. UvA, Deventer 1998

G. Spong, Leugens om bestwil, Amsterdam 1997

W.J. Witteveen, Evenwicht van machten, Zwolle 1991

W.J. Witteveen, De rechtsstaat als beginsel, Den Uyllezing, december 1998

Harry van Wijnen, Koel hoofd is van slag, NRC 16 februari 1999

Harry van Wijnen, Goliath moest zich schamen, NRC 16 maart 1999

A.C. Zijderveld, Kwaliteit van de rechtsstaat vergt permanente aandacht, NRC 23 januari 1999

OVER DE AUTEUR

Paul F. van der Heijden (1949) is hoogleraar-directeur van het Hugo Sinzheimer Instituut voor Arbeid en Recht van de Universiteit van Amsterdam. Tevens is hij plaatsvervangend raadsheer bij het Gerechtshof in die stad. Ook is hij lid van de Raad voor het Openbaar Bestuur, een adviescollege van de ministers van Binnenlandse Zaken en Justitie.

Hij heeft talloze wetenschappelijke publicaties op zijn naam staan en schrijft als columnist voor tijdschriften als het *Nederlands Juristenblad, Tijdschrift voor Sociaal Recht* en OR-*Informatie, Maandblad voor de Ondernemingsraden.*